**METAMORFOSES
DA CRÍTICA**

METAMORFOSES DA CRÍTICA

Patrick Pessoa

Cobogó

Sumário

Apresentação 11

CRÍTICA COMO DIÁLOGO

A arte da crítica: Conversa entre um ator japonês
e um crítico brasileiro 23

CRÍTICA COMO CARTA

Peça de resistência — Carta para Grace Passô a partir
da peça *Vaga carne* 61

Mão invisível — Carta para Marcio Abreu a partir das
peças *Nós*, *Krum* e *Nômades* 74

CRÍTICA COMO AGRADECIMENTO

Depois do filme — para Aderbal Freire-Filho 91

Why the horse? (Por que somos tão cavalos?) —
para Maria Alice Vergueiro e Luciano Chirolli 104

CRÍTICA COMO AUTOBIOGRAFIA

A segunda vida — *An Old Monk* 121

Mostra-me como gozas e te direi quem és!: A pedagogia
sexual de Georges Bataille e Janaina Leite — *História do olho:
Um conto de fadas pornô-noir* 126

CRÍTICA COMO AULA DE FILOSOFIA

A pulsão rapsódica de Octavio Camargo —
Projeto *Ilíadahomero*   153

Iluminando o problema da autonomia da obra de arte — *Breu*   171

Ensaio de descolonização do pensamento — *Colônia*   180

CRÍTICA COMO PANFLETO

Um Rothko anti-rothkiano — *Vermelho*   201

Por um novo teatro político — *Caranguejo Overdrive*   211

A tragédia do inconformismo e o inconformismo da tragédia:
Aderbal conta Vianninha — *Vianninha conta o último combate
do homem comum*   217

CRÍTICA COMO CRÔNICA

O paradoxo da existência virtual (do teatro) — *Onde estão
as mãos esta noite?*   253

CRÍTICA COMO ACONTECIMENTO

O fim da crítica: Nova conversa entre um ator japonês
e um crítico brasileiro   265

Posfácio: Um crítico com uma lanterna de bolso,
por Rafael Zacca   293

Agradecimentos   303

Referências bibliográficas   307

Para Jessica Di Chiara e Rafael Zacca, que sonharam junto comigo o grupo de pesquisa O Eros da Crítica (que quase foi o título deste livro!) e para todos os alunos e alunas da UFF que passaram por esse grupo nos últimos 15 anos, especialmente Bruna Testi (in memoriam)

"Por algum tempo, a Crítica acompanha a Obra, depois a Crítica se desvanece e são os Leitores que a acompanham. A viagem pode ser comprida ou curta. Depois os Leitores morrem um a um, e a Obra segue sozinha, muito embora outra Crítica e outros Leitores pouco a pouco se ajustem à sua singradura. Depois a Crítica morre outra vez, os Leitores morrem outra vez, e sobre esse rastro de ossos a Obra segue sua viagem rumo à solidão. Aproximar-se dela, navegar em sua esteira é um sinal inequívoco de morte segura, mas outra Crítica e outros Leitores dela se aproximam, incansáveis e implacáveis, e o tempo e a velocidade os devoram. Finalmente a Obra viaja irremediavelmente sozinha na Imensidão. E um dia a Obra morre, como morrem todas as coisas, como se extinguirão o Sol e a Terra, o Sistema Solar e a Galáxia e a mais recôndita memória dos homens."

ROBERTO BOLAÑO
(re)apresentado por
MOHAMED MBOUGAR SARR

(ou: de como *Os detetives selvagens* se metamorfosearam em *A mais recôndita memória dos homens*)

Apresentação:
O Eros da Crítica

O que acontece quando uma peça de teatro nos afeta de verdade? O que se passa em nós quando uma criação nos atinge fisicamente, como um fio desencapado, um soco no estômago, uma paixão avassaladora, a morte de alguém próximo? Que tipo de reações a energia bruta contida em uma obra de arte é capaz de desencadear? Que associações "livres" provoca? Que memórias evoca? A que novas perguntas convoca? Que pensamentos, até então apenas pressentidos, torna possível invocar e metamorfosear em palavras?

Este livro contém 15 ensaios de crítica teatral escritos entre 2011 e 2023 que, cada um a seu modo, tentam responder às perguntas acima. Originalmente publicados nas revistas virtuais *Questão de Crítica, Viso: Cadernos de Estética Aplicada, Agora\Crítica teatral* e *Sala Preta*, o que esses ensaios tão heterogêneos têm em comum é que nascem de uma relação erótica com o teatro, da urgência de escrever para continuar convivendo intimamente com as peças que mais nos tocaram. "EscreVer", como formulei na apresentação de *Dramaturgias da crítica*, livro que faz par com este, numa espécie de díptico, "é uma antiga tecnologia de ver fazendo ver."

Além do projeto gráfico, da editora e da autoria, o que *Dramaturgias da crítica* e *Metamorfoses da crítica* compartilham é a aposta de que uma crítica teatral é uma nova apresentação das peças de teatro que motivaram a sua escrita. O povo do teatro não diz sempre que cada nova apresentação é única, diferente, imprevisível? Então. O desafio assumido neste díptico foi o de (re)apresentar numa outra linguagem — a da prosa ensaística — algumas das montagens que mais me marcaram nos últimos treze anos. Gosto de pensar que os textos reunidos nesses dois livros fazem essas peças continuarem em cartaz mesmo depois do fim de suas temporadas nos teatros.

A diferença entre as *Dramaturgias da crítica* e as *Metamorfoses da crítica* está na liberdade para a experimentação formal que me concedi neste volume.

Metamorfoses da crítica alimenta-se da convicção de que, tanto quanto na arte, também na crítica o "como" é muito mais importante do que "o quê" se diz. O "conteúdo" de um ensaio crítico está no modo como ele é articulado formalmente e deve ser buscado em sua dramaturgia, muito mais do que em suas teses. Por isso, a curadoria e a organização em capítulos dos ensaios aqui reunidos foram estruturadas em torno de uma investigação retrospectiva das múltiplas formas em que a crítica ensaística — ou crítica de invenção — foi se metamorfoseando ao longo dos últimos 13 anos da minha atividade no campo da crítica de teatro. Como as obras que lhe servem de inspiração, também a crítica se diz (e se escreve!) de muitas maneiras — eis o que este livro pretende demonstrar com o seu próprio exemplo.

Os dois ensaios que emolduram estas *Metamorfoses da crítica* foram escritos na forma de diálogos entre um ator japonês chamado Ryunosuke Mori e um crítico brasileiro chamado

Patrick Pessoa. Os ensaios de abertura e fechamento deste volume são os únicos que não se dedicam à (re)apresentação de uma peça teatral específica e podem ser interpretados como manifestos acerca do próprio ofício da crítica teatral. Em **Crítica como diálogo** está a primeira dessas conversas, ocorrida em 2015, os interlocutores debatem o que é a crítica teatral, se ela deve ser entendida (ou não) como uma forma de arte. E essa questão permance em aberto, à espera de um segundo diálogo, que só ocorreria em 2022, sobre o qual falarei apenas no final desta apresentação, mas cujo teor de algum modo perpassa todos os demais textos que integram este livro.

Os ensaios da seção **Crítica como carta** têm a forma de missivas endereçadas por mim a duas figuras centrais do teatro contemporâneo brasileiro: Grace Passô e Marcio Abreu. Essas cartas tentam eliminar a distância habitual entre críticos e artistas, proclamando, por meio de um endereçamento íntimo e pessoal, que somos todos parceiros na construção da estética e da política teatral do nosso tempo e do nosso país. Com o intuito de borrar a diferença e sobretudo a hierarquia entre criação e crítica, a análise imanente das obras em questão — *Vaga carne*, de Grace Passô, e *Nós*, de Marcio Abreu em parceria com o Grupo Galpão — assume o erotismo inerente a todo pensamento implicado na tentativa de ler o outro nos seus próprios termos, e não nos nossos. Ambas as cartas são exercícios do que chamo de "crítica procedimental", uma forma de dramaturgia da crítica que, em vez de falar *sobre* os espetáculos guardando uma distância segura, incorpora alguns de seus procedimentos à própria elaboração do texto crítico, que assim (re)apresenta as peças que aborda indiretamente, desdobrando e traduzindo seus procedimentos cênicos para a linguagem da prosa ensaística.

Na seção **Crítica como agradecimento**, retomo o parentesco etimológico entre pensar (*denken*) e agradecer (*danken*), extensamente discutido em "A arte da crítica", primeiro ensaio deste livro, para analisar os trabalhos de três artistas que foram fundamentais no meu encontro com o teatro e na minha metamorfose de crítico literário e cinematográfico em crítico teatral. Em 2011, já professor de filosofia da Universidade Federal Fluminense (UFF), debutei no teatro a convite do saudoso Aderbal Freire-Filho. Embora tenha debutado como dramaturgista, tradutor e ator na montagem de *Na selva das cidades*, de Bertolt Brecht, dirigida por ele, naquele mesmo ano escrevi minha primeira crítica teatral. Não por acaso, um texto que pretendia ser uma nova apresentação em forma de ensaio do monólogo *Depois do filme*, com o qual Aderbal comemorou o seu septuagésimo aniversário. Anos depois, já em 2015, tive a possibilidade de testemunhar o "velório cênico" de Maria Alice Vergueiro, uma das mais influentes atrizes do teatro brasileiro de todos os tempos, que viria a falecer fora de cena em 2020. Contracenando com o ator Luciano Chirolli, seu parceiro de vida inteira e meu amigo querido, com o qual eu havia realizado na função de dramaturgo uma montagem da *Oréstia*, de Ésquilo, dirigida por Malu Galli e Bel Garcia em 2012, minha releitura da peça *Why the horse?* está profundamente embebida pela gratidão que sentia — e ainda sinto — pelos dois.

Na seção **Crítica como autobiografia**, a performatividade autobiográfica ou autoficcional que já estava presente nos ensaios anteriores é radicalizada e assumida como o próprio princípio de construção formal dos textos sobre os trabalhos de Josse de Pauw (*An Old Monk*) e Janaina Leite (*História do olho: Um conto de fadas pornô-noir*). Em ambos os textos, o uso de elementos da minha própria autobiografia não é uma veleidade pessoal, mas uma tentativa de espelhar os procedimentos formais autobiográficos utilizados pelos dois encenadores em suas respectivas montagens. Os dois ensaios desta parte aparecem como outros dois exemplares paradigmáticos da "crítica procedimental" que eu já havia experimentado nas minhas cartas para Grace Passô e Marcio Abreu.

Na seção **Crítica como aula de filosofia**, correndo o risco de perder de vista o imperativo de realizar uma crítica imanente das obras analisadas sem reduzi-las a mera ilustração de filosofemas preexistentes e de uso disseminado, tento aproximar as minhas duas atividades principais como professor de filosofia e como crítico de teatro. No texto sobre o projeto *Ilíadahomero*, de Octavio Camargo, começo com uma breve aula sobre o nascimento da crítica em sentido moderno (no primeiro romantismo alemão) e em seguida discuto as opções formais realizadas por essa montagem, que se distancia notavelmente da tendência atual a uma vulgarização pseudoprogressista da linguagem dos clássicos. Inspirado por uma preciosa intuição de Gilles Deleuze, tento mostrar que um ensaio crítico sobre o alcance político-pedagógico de Homero no mundo de hoje pode assumir a forma de uma peça de teatro. Peças de teatro, por que não?, são outras possíveis metamorfoses da crítica contemporânea. Já no ensaio sobre a peça *Breu*, escrita por Pedro Brício e dirigida por Miwa Yanagizawa e Maria Silvia Siqueira Campos, o filósofo em foco é Immanuel Kant, que me ajuda a pensar por que uma peça que resiste a se fechar em torno de um sentido unívoco, mantendo seus espectadores literalmente no breu, pode ser antes uma fonte de prazer que de angústia. Aprender a viver em meio à incerteza, sem o consolo de respostas simplistas, não deixa de ser um importante antídoto contra o fascismo que nos assombra. Finalmente, na crítica da peça *Colônia*, com dramaturgia de Gustavo Colombini, direção de Vinicius Arneiro e atuação de Renato Livera, mostro como o princípio da associação livre de Freud e a filosofia da linguagem do jovem Nietzsche são a base para a construção de uma dramaturgia a um só tempo infamiliar e profundamente tocante.

Na seção **Crítica como panfleto**, como o próprio título dá a entender, os três ensaios selecionados entrechocam-se dialeticamente. No primeiro, em torno de uma peça de John Logan (*Vermelho*) dirigida por Jorge Takla e protagonizada por Antonio Fagundes, o que está em questão é a própria vocação do teatro como "instrumento educativo". Embora o tema da peça seja erudito, a contraposição entre o expressionismo abstrato de Mark Rothko e a visão a um só tempo cínica e disruptiva da pop art de Andy Warhol, as opções formais realizadas pela direção tendem a pressupor uma incultura do público que só poderia ser satisfeita por uma linguagem facilitadora e, consequentemente, mercantil. Já no ensaio sobre *Caranguejo Overdrive*, com dramaturgia de Pedro Kosovski e direção de Marco André Nunes, a epígrafe de Deleuze afirma que "a obra de arte não é um instrumento de comunicação", e muito menos de educação no sentido da peça *Vermelho*. Se algo acontece e se transmite, não é nos termos de uma mensagem unívoca, com potencial moralista e edificante, mas nos termos da sobreposição de camadas que obrigam cada espectador a pensar junto com os demais numa saída diante de uma situação aparentemente sem saída, assim recusando a lógica fatalista e conformista do eterno retorno do mesmo. Já o ensaio sobre a peça *Vianninha conta o último combate do homem comum*, uma apropriação subversiva de Aderbal Freire-Filho da peça *Em família*, de Oduvaldo Vianna Filho, tem como questão central a possibilidade de uma "tragédia moderna", isto é, de uma tragédia não mais pensada como sujeição inevitável a um Fado inexorável, mas como escola de inconformismo mesmo diante de derrotas (políticas) anunciadas. Derrotas do ponto de vista macropolítico sempre podem ser lidas como vitórias do ponto de vista micropolítico. E vice-versa.

Na seção **Crítica como crônica**, a discussão estético-política que pauta o segmento anterior é aprofundada diante da possibilidade do fim do teatro presencial e, naqueles meses iniciais da pandemia mundial do coronavírus, diante do fim do mundo — ao menos como o conhecíamos. Escrito em maio de 2020, em um dos momentos mais agudos do isolamento social que perduraria por quase dois anos, o único texto que integra essa parte é a crítica da peça *Onde estão as mãos esta noite?*, escrita por Janaina Leite, dirigida por Moacir Chaves e protagonizada por Karen Coelho. Ao reverberar uma série de angústias daquele momento histórico específico, algumas delas hoje superadas, outras não, essa crítica como crônica pode ser lida como uma crítica documental. Dentre as muitas questões que afloram nesse texto, uma se relaciona diretamente com o conceito de crítica e o projeto estético-político silenciosamente presente em todas as páginas deste livro: como é possível determinar o que seria, do ponto de vista ontológico, uma peça de teatro? Será mesmo que uma peça de teatro produzida e concebida especificamente para o Zoom não seria uma peça de teatro "de verdade" (como muitos críticos ousaram dizer durante a pandemia)? A recusa de qualquer definição ontológica sobre o que seria o teatro (de verdade) desdobra-se, a partir da forma desse ensaio e de todos os outros que compõem este livro, em uma recusa de qualquer definição ontológica sobre o que seria a crítica teatral (de verdade).

E assim chegamos ao último texto desta coletânea, em **Crítica como acontecimento** está o segundo diálogo entre o ator japonês e o crítico brasileiro, que marca o reencontro dos amigos sete anos depois, em 2022, num dos momentos mais angustiantes da história brasileira recente. Nesse novo diálogo, os dois interlocutores discutem os possíveis efeitos de um texto crítico numa época em que a própria crítica tem a sua existência ameaçada — e não apenas nos jornais. Até que ponto um ensaio crítico é capaz de fazer reacontecer o acontecimento desencadeado pela peça teatral que lhe dá origem? Qual é o fim, isto é, a finalidade da crítica? Por que sua existência merece ser defendida em tempos tão avessos ao seu exercício e num contexto em que a própria palavra "crítica" parece tão desgastada?

O que é a crítica e o que é o teatro, sob o viés deste livro, permanecem questões em aberto. É preciso, hoje e sempre, apostar nas imprevisíveis metamorfoses da crítica e do teatro. E acreditar, mesmo sem provas, que com o teatro e sua crítica (conjugados sempre no plural!) a felicidade ainda é possível.

Crítica como diálogo

A arte da crítica: Conversa entre um ator japonês e um crítico brasileiro[1]

> Pensar (*denken*) e agradecer (*danken*) são palavras que, em nossa língua, têm uma única e mesma origem. Quem investiga o seu sentido encontra-se no campo semântico de: "recordar", "ser cuidadoso", "memória" e "devoção".
>
> Paul Celan

Nota preliminar

Conheci Ryunosuke Mori, ator japonês que de imediato me lembrou muito Chishû Ryû, numa viagem a Tóquio, em 2008. Depois de uma apresentação de *Na selva das cidades*, de Bertolt Brecht, com elementos do butô, mais tarde ressignificada por Aderbal Freire-Filho em sua montagem carioca, fui cumprimentar os atores e descobri que Mori falava português. A mãe dele, como fiquei sabendo mais tarde naquela mesma noite, tinha nascido em Bastos, no interior de São Paulo, e voltara para o Japão por causa de um casamento arranjado com o pai

---

1. Texto-manifesto publicado originalmente no dia 25 de abril de 2016 na revista *Questão de Crítica*. Este texto apresenta e discute as origens filosóficas do conceito de crítica (de teatro) que orientou a minha prática entre 2011 e 2016, daí o seu caráter de manifesto. Àquela altura do debate, ainda era imprescindível diferenciar o tipo de crítica que eu tentava praticar dos "juízos sobre a arte" que eram vendidos como "críticas teatrais" nos jornais de grande circulação. O texto testa na sua própria composição a ideia lukácsiana de que a crítica ensaística é uma forma de arte.

de Mori, que ela só veio a conhecer no dia das bodas. O modo como ele se apropriou do papel de Shlink, praticamente sem se mover durante as quase três horas de espetáculo, construindo cada mínimo gesto com um máximo de intensidade, mas sem se identificar empaticamente com o personagem, me parece até hoje a melhor interpretação da absurda capacidade de resistência daquele velho comerciante malaio, modelo do *self-made man* que conseguiu vencer "na selva das cidades" justamente por ter transformado a própria pele em uma carapaça e a própria opinião em uma mercadoria como outra qualquer. É sempre uma revelação quando um ator consegue traduzir corporalmente (e não psicologicamente) aquilo que importa em um personagem. Em nossa conversa no camarim após o espetáculo, tomei a liberdade de perguntar se poderia entrevistá-lo sobre aquela subversiva apropriação nipônica do pensamento de Brecht. Para minha surpresa, ele me respondeu que naquela noite mesmo estava livre. "Adoro falar português", me disse. O português dele era quase perfeito, chegava a ter aquele R retroflexo típico do interior de São Paulo, e acabamos ficando até altas horas falando de tudo um pouco. Com relação a Brecht, ele tinha opiniões bem radicais. Mori defendia que, sem a arte do ator japonês, o conceito brechtiano de *Verfremdung*[2] seria irrealizável

---

2. O "efeito de estranhamento" ou "efeito de distanciamento" é um conceito-chave do teatro brechtiano que busca quebrar o envolvimento do espectador com o drama encenado, interrompendo a identificação empática e assim convidando a uma análise distanciada da situação das personagens.

na prática. Mais que isso: para ele, todo teatro ocidental moderno só se tornaria compreensível à luz das inovações cênicas surgidas nos mimos primitivos da Coreia do Norte, que haviam sido introduzidas no Japão em fins do século XIX pelo mestre Hiroda e posteriormente levadas para a Europa por um de seus discípulos, ensaiador na companhia de Strindberg. Mesmo sem concordar inteiramente com aquele ator extraordinário — por que os mimos primitivos da Coreia do Norte seriam mais importantes para a dramaturgia ocidental do que o teatro de marionetes da China, muito mais antigo? —, fui envolvido pelo que ele falava e pelo gosto do saquê quente que ele me serviu ao longo daquela noite memorável. Afinal, uma hipótese não precisa ser verdadeira para ser interessante. E Mori tinha um brilho mordaz e zombeteiro no fundo dos olhos que dava um interesse peculiar a cada uma de suas palavras.

Anos depois, em 2015, ele veio ao Rio apresentar um texto apócrifo de Brecht no CCBB e voltamos a nos encontrar. Notei que o tempo havia sido generoso com ele, sintoma de uma vida feliz. Num fim de tarde de caipirinhas no restaurante do Círculo Militar da Praia Vermelha, tentei explicar a ele como a minha visão da crítica havia mudado desde nosso encontro em Tóquio, quando a mistura improvável de Heidegger e Brecht ainda estava desequilibrada, dando a meus textos um viés mais existencialista que materialista.

Reproduzo abaixo, de memória, o diálogo que tivemos naquele dia. Tomei a liberdade de corrigir os eventuais erros de português de Mori. Achei que a singularidade de seu pensamento não precisava ser caricaturada linguisticamente, o que é talvez recurso válido no caso de um personagem cômico, mas não quando se trata de um amigo que, cordialmente, se dispôs a pensar junto comigo e a tornar menos obscuras para mim mesmo algumas questões persistentes.

Ryunosuke Mori: No Japão, quando sai uma crítica, o elenco se reúne para ler junto, em voz alta. A gente forma uma roda no meio do palco e cada um lê uma frase, tentando imitar a cara e o tom da pessoa que escreveu. Em geral, a gente chora de rir. Como é que alguém que não faz teatro pode falar de teatro? Os textos dos nossos críticos parecem paródias das paródias daquele escritor argentino estupendo.

Patrick Pessoa: O que ficou cego ou o outro?

RM: O que ficou cego, acho. Existe inclusive um antigo provérbio chinês que diz mais ou menos o seguinte: "Quem sabe, faz. Quem não sabe, ensina. Quem não sabe ensinar, ensina a ensinar. E quem não sabe nem ensinar a ensinar, escreve crítica."

PP: Sempre achei que esse provérbio era árabe... Mas vocês riem até quando os críticos afetam a bilheteria dos espetáculos?

RM: Isso não acontece. Há pelo menos uns oito jornais de grande circulação só em Tóquio. Cada um com seu próprio crítico. Uma andorinha só não faz verão, como vocês dizem. Sozinho, nenhum crítico tem o poder de interferir significativamente nas bilheterias. Aliás, é assim em todo lugar. Aqui é diferente?

PP: É, um pouco. No Rio a gente só tem um jornal de grande circulação.

RM: E qual é o nome? *Pravda*?

PP: [*risos*] Mais ou menos.

RM: E a internet? Vocês não têm umas revistas virtuais? Lá no Japão tem um monte. Confesso que não costumo ler. Os textos são longos demais, mas parece que o nível é bem melhor. Aliás, você não escrevia para uma?

PP: Escrevo ainda. A gente tem um grupo bem interessante de críticos, pessoas de quem gosto muito. Mas, se for para rir, acho melhor você não ler.

RM: Eu jamais riria de você, meu caro. Em todo caso, não pelas costas.

PP: Que bom. Embora adore aquele chiste do Oscar Wilde, que dizia achar uma falta de educação dizer na cara de alguém algo que você pode dizer pelas costas, acho hoje em dia que, pelo menos no nosso meio teatral, precisamos aprender a dizer sinceramente o que pensamos.

RM: Isso nem sempre é fácil. Os artistas costumam ser muito suscetíveis.

PP: Mas é preciso aprender a lidar com isso, aprender a ouvir numa boa. Por exemplo, achei muito tosca essa prática de vocês de se reunirem para rir das críticas. Quase me senti ofendido. Se pensar é, em alguma medida, generalizar, é preciso não exagerar. Ou a gente acaba caindo nessas generalizações babacas que infelizmente fazem o maior sucesso. Assim como há japoneses e japoneses...

RM: Acho lamentável quando alguém me julga baseado em estereótipos culturais...

PP: ... há críticos e críticos. "O" crítico não existe. Como sempre, a riqueza está nas diferenças, nas variações. [*pausa*] Não sei por quê, lembrei daquela tua interpretação do Shlink.

RM: Deve ser porque o conceito de *hunimi*, ou "variação sutil", é a alma do butô, que eu tive que praticar muito para fazer aquele trabalho.

PP: E valeu a pena, pode acreditar.

RM: Você acha mesmo? Em Tóquio não foi nada bem recebido. Teve um crítico que escreveu que a minha voz não era adequada ao personagem. Outro falou que não fazia sentido encenar no Japão uma peça escrita por um alemão sobre uma Chicago que ele sequer conhecia. E um terceiro ainda disse que montar uma peça que Brecht escreveu com 22 anos de idade era um desperdício de tempo e dinheiro, já que *Na selva das cidades* era apenas um texto de juventude, ruim e incompreensível, incompatível com o talento do Brecht maduro.

PP: Difícil de engolir.

RM: Por essas e outras é que só nos resta rir... Quem são eles para dizer qual é a voz "correta" de um personagem que eu estudei quase um ano para interpretar?! Ou para dizer que um texto é "ruim" e "incompreensível"? Ou para afirmar que a encenação de um clássico estrangeiro "não tem sentido" só porque eles não se esforçaram o suficiente para entender a proposta?!

PP: Eu sei do que você está falando. Que bom que em Tóquio vocês podem rir sem medo desses cagadores de regra. Aqui pega mal. Sempre dizem que é ressentimento dos artistas por não terem sido elogiados. Por isso, a maioria sequer reage às asneiras que saem sobre suas peças. Optam pelo silêncio. Com o tempo, vão perdendo a fé no diálogo com os críticos. E isso acaba contaminando os diálogos entre os próprios criadores. É muito raro que um diretor ou um autor ou mesmo um ator diga para o outro o que realmente pensou de um trabalho...

RM: Esse exercício é de fato muito importante. É verdade que em Tóquio não temos muito diálogo com os críticos, mas entre nós é outra coisa. Faço questão de ouvir com calma o que os meus colegas viram num trabalho meu. E, quando vou ver o trabalho deles, me esforço para construir um discurso que vá além do "gostei, não gostei".

PP: O problema é que, aqui, as relações de poder são bem complicadas. Entre atores, por exemplo, falar sinceramente coisas que firam um colega pode fechar as portas para futuros trabalhos. E, no caso dos críticos, é ainda mais grave. Uma crítica ruim no nosso *Pravda* pode não apenas inviabilizar financeiramente um espetáculo, pode também impedir que ele seja convidado para os festivais de outros centros importantes. E pode até fechar as portas para os editais de fomento público. É que são sempre os mesmos poucos nomes ocupando as posições de poder.

RM: Que merda.

PP: É. Mas isso tudo não tem nada a ver com a crítica, pelo menos não como a entendo.

RM: Como assim? Acabei de te contar o que alguns dos principais críticos de Tóquio escreveram sobre a nossa *Selva*. O fato de um crítico conhecido ter escrito não implica que o que ele escreve é necessariamente uma crítica?

PP: De forma alguma. O renome não pode ser a única forma de legitimação. Do contrário, seríamos obrigados a gostar de tudo o que faz sucesso, que vende, que "sai bem", como dizem os nossos garçons. Acho fundamental pensar em outros critérios. Antes que a "mão invisível do Mercado" nos esgane de vez...

RM: "Que nada seja dito natural, para que nada seja dito imutável."

PP: O velho Brecht tem razão. A legitimidade é uma construção social como qualquer outra, que obedece a uma rede complexa de condicionamentos, às vezes espúrios. Propaganda, conformismo, preguiça, hábito, bajulação. No caso da "crítica", com muitas aspas, o fato de textos muito curtos servirem de "guia de consumo" ou de "papel de bala" é a principal origem de sua legitimidade, a principal razão de seu alcance social.

RM: Crítica como papel de bala? Bela imagem! Mas isso não pressupõe que a arte tenha se tornado uma mercadoria como outra qualquer?

PP: Você conhece neste mundo alguma coisa que não seja transformada em mercadoria quase instantaneamente?

RM: A minha arte. [*risos*] Sei muito bem que nem a minha arte está imune à mercantilização. Nada está. Pelo menos por enquanto.

PP: "Que nada seja dito natural, para que nada seja dito imutável."

RM: É isso aí. Você entende agora por que no Japão os artistas não levam a crítica a sério?

PP: Talvez. Mas vocês acham mesmo que essa é uma boa forma de resistir ao império da mercadoria?

RM: Pra gente funciona. Pelo menos nos divertimos coletivamente com textos que individualmente poderiam nos destroçar. É foda empregar tanto esforço na construção de um trabalho e depois ver que ele simplesmente não foi compreendido. Mesmo quando são positivas, essas críticas, até por serem breves demais, sempre nos dão a impressão de terem sido escritas às pressas, sem o trabalho e o cuidado que nós próprios temos ao montar os nossos espetáculos.

PP: Acho que isso tem muito a ver com a estrutura do jornalismo em geral. O camarada vê a peça hoje e amanhã o texto já tem que ser publicado. Sair do forno, como dizem aqui.

RM: Isso não é desculpa!

PP: É verdade. Mas, sinceramente, o riso, o desprezo e mesmo a indiferença pela crítica me parecem uma estratégia pueril, se não conformista. Em primeiro lugar, porque não mudam o *status quo* que se alimenta dessa crítica e que goza cinicamente com o rebaixamento da arte a uma mercadoria como outra qualquer. Em segundo lugar, porque não mudam a crítica. Uma melhora no nível da crítica poderia, por que não?, transformar as demandas do público. Isso para não falar das preocupações estéticas dos próprios artistas. Ninguém cria a partir do nada. Não existe texto sem contexto. Se você quer saber a minha opinião, que eu teria uma certa vergonha de confessar se você não fosse meu amigo, acho que o nível da produção artística de uma cidade, de um país, está diretamente ligado ao nível da sua crítica.

RM: Isso me soa idealista demais. Como diria Brecht, o buraco é mais embaixo... Uma transformação da relação dos artistas com a crítica, ou mesmo da própria crítica, seria só uma gota no oceano.

PP: Às vezes, basta uma gota para fazer o oceano transbordar.

RM: Aí já não é nem mais idealismo, é delírio mesmo! [*risos*]

PP: Em todo caso, mesmo que esse trabalho esteja fadado ao fracasso, ou justamente por estar fadado ao fracasso, ele é absolutamente necessário. E, pelo menos aqui no Rio, com um grupo pequeno de pessoas tentando praticar a crítica de um outro jeito, e com um grupo de artistas percebendo a importância dessa interlocução, as coisas já começaram a mudar.

RM: Mas e o público? Quem lê essas novas críticas? Muita gente?

PP: Por enquanto não. E acho importante, pelo menos por enquanto, essa não ser uma preocupação central. Sabe aquela imagem da "mensagem na garrafa" que fica flutuando por aí até ser encontrada num momento propício por alguém que se dispõe a decifrá-la?

RM: Acho ruim a ideia de "mensagem".

PP: Foi só uma imagem.

RM: Só uma imagem?! Não tem nada mais importante do que uma imagem precisa! Mas concordo que produzir com os olhos nas possíveis preferências dessa entidade abstrata que se costuma chamar de "grande público" é um péssimo ponto de partida. Imagine se os artistas fizessem isso!

PP: E como fazem!

RM: Alguns, não todos. Eu não faço. Ou pelo menos tento não fazer. Odeio a ideia de que "o cliente tem sempre razão". Quando o gosto do freguês determina a nossa produção, é o fim da possibilidade da criação, do novo. Os fregueses só costumam gostar do que já conhecem, do que não demanda nenhum esforço. Os fregueses só querem emoções fugazes. O que o nosso Brecht chamava de "empatia"...

PP: Concordo, com a ressalva de que, para mim, nem todo espectador é um freguês.

RM: Claro que não. Se fosse assim, a arte já tinha morrido há muito tempo.

PP: O que vale para você como artista vale para mim como crítico. Se você não quer tratar os seus espectadores como fregueses, e fregueses um pouco burros, tão fáceis de agradar quanto de enganar, eu também não vou tratar os meus leitores como pessoas dotadas de uma "compreensão média", incapazes de ler textos mais longos, mais reflexivos. Sabia que nos jornais eles proíbem até mesmo palavras consideradas difíceis?! Vou tratá-los como eu gostaria de ser tratado.

RM: E como você gostaria de ser tratado?

PP: À base de uma caipirinha de caju tão boa quanto esta aqui... [*risos. Os dois brindam*] Tudo bem se eu for um pouco ridículo?

RM: "Todas as cartas de amor são ridículas." Não foi isso que disse aquele teu tio?

PP: Como eu gostaria de ser tratado? [*pausa*] Como um parceiro, um interlocutor numa conversa potencialmente infinita. Dessas que não têm hora para acabar.

RM: Tipo esta aqui?

PP: Dessas que começaram antes da gente chegar, sei lá quando, na Grécia, na Mesopotâmia, na China, na puta que pariu, não importa, e que vai continuar depois que a gente for embora.

RM: Hegel numa hora dessas?

PP: Eu gostaria de ser tratado como alguém que não precisa saber nada específico para sentar na mesa, muito menos Hegel! [*risos*] Como alguém que só quer mesmo pensar junto, seguir as pegadas que o outro deixa na areia. Sentir junto. Como alguém que está aberto para ouvir o outro, a princípio sem ficar julgando. Qual é a importância de concordar ou discordar? Como alguém que acredita que a realidade é tão rica, tão múltipla, tão complexa, tão caótica, que acha meio ridícula a ideia de *uma* perspectiva verdadeira. Como alguém que quer ouvir o outro, desde que o outro não seja dogmático, não esconda a sua experiência pessoal atrás do manto de uma pretensa objetividade e de um discutível saber. Como alguém que leu num livro de bolso com as páginas meio amareladas que "a única perspectiva falsa é aquela que pretende ser a única". Como alguém que, embora duvide de uma verdade absoluta, aprendeu com o tempo que sempre dá para pensar-sentir melhor se deixando contaminar pelos olhares dos outros. Aproximação, convivência, não é disso que se trata? Como alguém que não opõe autonomia a diálogo, que sabe por experiência própria o quanto uma outra perspectiva é capaz de enriquecer a nossa. Como alguém que aposta que ouvir o outro não é perder a própria voz. Como alguém que sente que falar sobre uma obra não tem nada a ver com julgar, argumentar e convencer. Como alguém que só quer que lhe mostrem alguma coisa que ele próprio não viu, ou que apenas pressentiu sem conseguir formular. Como alguém que goza com as pequenas descobertas, que vê qualquer obra como um potencial livro dos prazeres. Como alguém que...

RM: Mas peraí! Eu perguntei como você gostaria de ser tratado por quem escreve uma crítica. E tudo o que você está dizendo me lembra muito mais o modo como eu gostaria que os espectadores dos meus espetáculos se sentissem tratados...

PP: No fundo, não vejo nenhuma diferença entre os leitores das minhas críticas e os espectadores de uma obra teatral.

RM: Não é possível! Isso implicaria afirmar que não há diferença entre a experiência de um espetáculo e a experiência de um texto crítico!

PP: Por que você se espanta? O ideal da crítica, para mim, é funcionar como uma nova apresentação de um espetáculo. Não dizem que cada apresentação teatral é sempre única, diferente das anteriores, e que essa seria uma distinção fundamental entre o teatro e as outras artes?

RM: Dizem. Com exceção talvez da performance...

PP: Pois então. Por que um texto crítico não pode ser pensado como um outro tipo de apresentação de uma obra teatral? O fato de ser diferente, e de se valer do recurso da prosa, ou da narrativa da experiência singular do crítico, nem seria assim tão original frente a muito do que a gente vê nos palcos hoje em dia. O caráter épico do teatro brechtiano, como você sabe, contaminou boa parte da produção contemporânea.

RM: Porra! Explica melhor isso aí. Estou gostando, mas...

PP: Quando falam que a crítica é a memória do teatro, que a crítica serve como registro desses fenômenos fundamentalmente efêmeros que são as apresentações de uma obra teatral, acho que é isso no fundo que querem dizer. A crítica só pode sobreviver aos espetáculos que lhe servem de ponto de partida e provocação para o pensamento quando abre mão de ser um "registro objetivo", quando assume a si mesma como uma espécie de "reconfiguração subjetiva".

RM: Se não me engano, é isso que defendem os devotos de um impressionismo selvagem no comentário das obras. O que também não acho bom, porque aí a obra deixa de ser o réu num julgamento e se torna puro pretexto para associações quase sempre delirantes que não têm nada a ver com o que materialmente foi trazido à cena. Detesto quando usam uma obra de arte como mera ilustração para falar de "temas" que poderiam ser trabalhados de forma muito mais consistente em outros lugares. Num livro de filosofia, por exemplo. Quem faz isso pode até achar que está fazendo jus à "profundidade" da arte, mas a impressão que sempre me fica é que a obra em si, com sua riqueza e linguagem específicas, é apenas usada como uma escada que logo é abandonada.

PP: Concordo, abaixo a arte como ilustração de ideias preexistentes! Mas acho que essa tua objeção toca num ponto mais complicado: a oposição que propus entre registro objetivo e reconfiguração subjetiva não é muito precisa. A dicotomia sujeito-objeto é só uma dessas heranças da filosofia ocidental que impregnou a nossa linguagem a tal ponto que fica difícil pensar sem ela. E pensar com ela também. Sendo japonês, tenho certeza de que você dispõe de uma gramática melhor para dar conta desse fenômeno...

RM: Talvez, nunca parei para pensar nisso direito.

PP: Em todo caso, o que eu estou dizendo não tem nada a ver com "impressionismo". O que há de mais objetivo no mundo é o fato de que toda realidade já sempre se mostra no âmbito de uma interpretação, de uma perspectiva, de um recorte. Não é possível ver sem os próprios olhos.

RM: "Não é possível pular a própria sombra", já dizia o meu caro Hegel.

PP: A turma do contra sempre vai querer dizer que essa interpretação é "subjetiva". Ou pior: vai querer dizer com aquele sorrisinho no canto da boca típico dos lógicos que [*imita a voz superior dos acadêmicos aos quais se refere*] a proposição de que tudo é subjetivo contém uma contradição performativa, já que em seu gesto reivindica para si mesma uma universalidade que é recusada por seu teor.

RM: Faz sentido...

PP: Claro que faz, é uma maneira de ver até bem popular, princípio tanto para o objetivismo mais tacanho quanto para o relativismo mais cínico. Mas quando eu falo em "reconfiguração subjetiva" não estou negando a possibilidade de um critério que, mesmo não sendo universal e necessário (ou objetivo no sentido clássico), é ainda assim passível de ser compartilhado.

RM: Que critério é esse?

PP: O critério da "integração". Lê aqui embaixo.[3]

---

3. Barthes, R. "O que é a crítica". In: *Crítica e verdade*. São Paulo: Perspectiva, 2013, p. 161: "Se a crítica é apenas uma metalinguagem, sua tarefa não é descobrir 'verdades', mas 'validades'. [...] As regras a que está sujeita a linguagem literária não concernem à conformidade des-

RM: Embaixo da mesa?

PP: Não. Na nota de rodapé.

RM: Essa conversa tem nota de rodapé?

PP: Por que não? Toda conversa tem. Ou poderia ter. E essa pode.

Pausa enquanto Mori lê.

RM: Agora me diz o que você vê de interessante nisso. Pra mim, talvez por conta desse português mais erudito, fica um pouco difícil de acompanhar.

PP: Gosto demais dessa reflexão do Barthes sobre o conceito de crítica. Mas como nem tudo que ele diz tem a ver com a

---

sa linguagem com o real [...]. A crítica não consiste em dizer se Proust falou certo; [...] seu papel é unicamente elaborar ela mesma uma linguagem cuja coerência, cuja lógica e, para dizer tudo, cuja sistemática possa recolher ou, melhor ainda, 'integrar' (no sentido matemático da palavra) a maior quantidade possível de linguagem proustiana [...]. A tarefa da crítica é puramente formal: [...] consiste em ajustar, como um bom marceneiro que aproxima apalpando 'inteligentemente' duas peças de um móvel complicado, a linguagem que lhe fornece a sua época (existencialismo, marxismo, psicanálise) à linguagem, isto é, ao sistema formal de constrangimentos lógicos elaborados pelo próprio autor segundo sua própria época. A prova da crítica não é de ordem 'alética' (não depende da verdade), pois o discurso crítico nunca é mais do que tautológico: ele consiste finalmente em dizer com atraso [...]; a prova crítica, se ela existe, depende de uma aptidão não para descobrir a obra interrogada, mas ao contrário para cobri-la o mais completamente possível com sua própria linguagem."

minha visão, vou recortar o que me interessa: a ideia de que uma crítica não tem como tarefa julgar a adequação de uma obra à realidade, ou de uma obra a certos padrões poéticos previamente existentes e pretensamente universais. A crítica tem que tentar entender a obra nos seus próprios termos — e não nos termos do crítico ou de qualquer manual do que seria um "teatro bem-feito". Trata-se de entender, ou melhor, de fornecer uma interpretação possível do "ideal da obra", de seu discurso, de seu princípio articulador, de sua proposta, daquilo que dá alguma unidade aos seus elementos, alguma inteligibilidade ao modo como foram justapostos.

RM: Supondo que a obra tenha uma unidade... A turma do teatro pós-dramático recusa justamente essa exigência.

PP: Não concordo. O que eles recusam é a ideia de que o princípio organizador seja o *múthos* aristotélico, a trama, o enredo, um princípio de causalidade que encontraria no texto dramático a sua raiz. Mas seria impensável uma obra que não tivesse alguma unidade, quero dizer, uma obra cujos elementos fossem justapostos de forma totalmente arbitrária. Até a fragmentação mais radical, o acaso e a arbitrariedade, quando despontam, obedecem a algum discurso que vê nelas um caminho expressivo mais interessante que a linearidade. Quando falo em unidade, portanto, estou falando em termos bem modestos, nada prescritivos. Em todo caso, ando há um bom tempo amadurecendo a ideia de que a atualidade da *Poética* de Aristóteles depende da possibilidade de pensá-la como uma teoria da recepção, como uma reflexão sobre a crítica, mais do que como uma teoria da produção. É que, por menos unidade que uma obra tenha, a crítica de algum modo há de produzir um "enredo" ou uma "narrativa" que tente integrar os elementos da montagem segundo a experiência temporal do crítico, que, por conta da matéria com a qual trabalha, a prosa, só pode reconfigurar esses elementos diacronicamente.

RM: Mas para isso não bastaria entrevistar os realizadores? Perguntar diretamente a eles quais seriam suas intenções?

PP: Os realizadores, e me corrija se eu estiver errado, nunca têm um controle absoluto sobre a reverberação de suas obras, sobre as múltiplas possíveis camadas que elas podem ter. Dá uma olhada aí embaixo de novo.[4]

Pausa enquanto Mori lê.

---

4. Schelling, F. W. J. *Sistema del idealismo transcendental.* Madri: Anthropos, p. 102: "Do mesmo modo como o homem, sob o efeito da fatalidade, não realiza o que ele quer ou intenciona, mas o que ele tem de realizar através de um destino incompreensível, parece ao artista, na observação daquilo que é o propriamente objetivo na sua produção, por mais cheio de intenção que esteja, estar sob o efeito de um poder que o separa de todos os outros homens e o coage a exprimir ou apresentar o que ele próprio não penetra inteiramente, e cujo sentido é infinito. [...] Assim ocorre com toda obra de arte verdadeira, na medida em que ela é passível de uma interpretação infinita, como se houvesse nela uma infinitude de intenções que nunca se pode dizer se estava posta no próprio artista ou se antes repousava meramente na obra de arte."

RM: Bonito isso!

PP: Também acho. O fato de ultrapassar "tragicamente" a intenção de seus realizadores implica que uma obra só se completa no seu encontro com o público. Em certo sentido, com cada espectador. Por isso Schlegel, camarada que foi fundamental na minha formação, costumava dizer que a crítica não tem nada a ver com um juízo sobre a obra, sendo antes "o método de seu inacabável acabamento". No polo oposto dessa visão, o mais característico dos juízes da arte é justamente tomarem a obra como pronta e acabada antes de sua recepção, como algo que não teria nada a ver com eles. Os juízes fingem que não são coautores da obra, como se pudessem vê-la de fora, de modo puramente passivo. Até hoje, esses juízes da arte (que nos jornais costumam atender pelo nome de "críticos") têm em Pôncio Pilatos a sua maior inspiração: lavam as mãos diante do réu (a obra!), querem se manter puros, objetivos, imparciais, e muitas vezes chegam a evitar o contato com os artistas.

RM: É que nós somos contagiosos! [*risos*]

PP: Mas é claro que há exceções, mesmo nos jornais.

RM: Mas então quer dizer que, para além daquelas razões políticas sobre as quais conversamos mais cedo, a tua recusa dos "críticos-juízes" também tem motivações, por assim dizer, estéticas.

PP: Com certeza!

RM: E como é que você reconhece, assim concretamente, a diferença entre um juízo e uma crítica?

PP: Normalmente, é fácil. São dois os sintomas principais dessa doença que é a "compulsão ao juízo". O primeiro é bem material: está no uso indiscriminado de adjetivos. X é "bom", Y é "ruim", Z é "sutil", A teve uma atuação "irretocável", B fez uma "bela iluminação" e assim por diante. Nos juízos se manifesta um paradoxo curioso: por mais que haja uma pretensão de objetividade, de falar sobre a obra sem sujar as mãos, sem assumir o fato de que a história da recepção é constitutiva e constituinte da própria obra, raramente as descrições são objetivas. Parece mania, mas basta ler uma dessas resenhas de jornal para ver como os substantivos não suportam a solidão dos campos de algodão: precisam sempre vir de mãos dadas com um adjetivo, por mais esdrúxulo que seja. E, claro, quanto menos essas indigestas damas de companhia vêm acompanhadas de descrições substantivas do que viu o juiz, mais impressionista, arbitrário e dogmático fica o todo.

RM: Daí a importância do "nome do crítico", não é mesmo? Ele tem o direito de usar os adjetivos mais delirantes, sem a menor necessidade de desenvolver melhor o seu raciocínio, porque disporia de uma autoridade, de um olho que os outros não têm. O nome do crítico, assim como o seu pretenso saber, também se tornou uma mercadoria...

PP: Sem dúvida. Por isso ouvir o que é falado é sempre mais importante do que saber quem fala. Se as obras têm relativa autonomia com relação aos seus criadores, a crítica também precisa ter.

RM: E qual seria o segundo sintoma?

PP: É o que alguns pesquisadores da Universidade de Boston chamaram de CLD ou *checklist disease*. Começou nos anos 1950 com as donas de casa norte-americanas que não conseguiam mais ir ao supermercado sem uma lista de compras — nos casos mais graves, a lista era sempre a mesma — e, por um desses processos difíceis de explicar, acabou se alastrando pelas redações dos jornais. Aqui no Brasil, a maior parte dos "juízos de jornal" deriva a sua forma de um estágio bastante avançado de CLD. Em vez de considerarem cada espetáculo nos seus próprios termos, ordenando seu discurso sobre os elementos cênicos de acordo com a ênfase singular que cada espetáculo lhes dá segundo o princípio unificador de que falamos há pouco, os nossos jornalistas partem de uma estrutura invariável: falam primeiro se o texto é "bom" ou "ruim", às vezes contextualizando em uma ou duas linhas quem foi o seu autor e a época em que foi escrito (e em certos casos realçando a "pertinência" ou a "atualidade" dos temas abordados); depois falam da direção, que pode ter sido "competente" ou "equivocada" ou mesmo "inexistente"; depois consideram a "beleza", "feiura", "adequação" ou "funcionalidade" da iluminação, dos cenários, dos figurinos e da trilha sonora (quase sempre nessa ordem, como se esses elementos não passassem de adereços um tanto quanto supérfluos ou puramente ornamentais) e terminam com chave de ouro, dedicando uma ou duas linhas a cada "estrela" do espetáculo, os atores e as atrizes, cujo trabalho é reduzido a um adjetivo apenas, no máximo dois.

RM: Pelo que você está dizendo, então a CLD é a verdadeira causa da compulsão à adjetivação. Tendo em vista a estrutura rígida e a brevíssima extensão das resenhas de jornal, esse elenco de adjetivos vai ter emprego garantido por muito tempo. Te ouvindo falar desse jeito, acho ainda mais legítimo o riso com que recebemos as críticas no Japão. CLD! O Toshiro vai adorar o conceito.

PP: Críticas, não! Juízos, Mori, juízos! Mas esqueci de mencionar a marca mais gritante desses juízos de jornal: as estrelinhas que julgam o espetáculo como um todo de acordo com uma quase inesgotável lista de adjetivos.

RM: Que são?

PP: "Excelente", "Ótimo", "Bom", "Regular", "Ruim".

RM: Crítica como papel de bala. Agora entendi. Bastam esses cinco adjetivos que o freguês do jornal nem precisa ler o texto. Por menor que seja, por mais que os editores e jornalistas se esforcem para facilitar seu pensamento e sua linguagem, sempre vai ser mais do que o freguês precisa para escolher o programinha de sábado à noite, antes da pizza.

PP: Outro paradoxo: quanto mais concessões os jornalistas fazem a esse "leitor médio", mais leitores eles perdem, já que menos leitores se dispõem a formar.

RM: Mas então você acha que o jornal como plataforma é incompatível com a crítica?

PP: Hoje em dia acho. Mas nem sempre foi assim. Houve um passado em que os jornais davam mais espaço à reflexão e os resenhistas de teatro não subestimavam a inteligência dos seus leitores. E também não acho que seja assim em todos os lugares. Rio de Janeiro e Tóquio são apenas dois exemplos, mas quero crer que em alguns lugares a crítica também comparece mais assiduamente nos jornais. Em São Paulo, por exemplo, o nível da discussão já é bem melhor, com mais intercâmbio entre o jornal e a universidade, com mais abertura para outros tipos de formação que não a do "jornalista puro-sangue".

RM: Em todo caso, dizem que logo, logo os jornais impressos vão acabar...

PP: Isso infelizmente não é tão promissor quanto poderia ser. Esse modelo de "crítica" como juízo, como exercício dogmático e impressionista da própria "autoridade" e, no final das contas, como papel de bala, já contaminou vários blogueiros das novas gerações. E temo que, dada a função que desempenha no mercado da arte, ainda vá durar mesmo quando não houver mais nenhum jornal. Nem o nosso *Pravda*!

RM: "Que nada seja dito natural, para que nada seja dito imutável." Já disse isso hoje, né?

PP: Umas oitocentas vezes.

RM: É que está ficando tarde. Mas antes de ir embora, queria ter uma noção mais clara dessa outra crítica aí que você defende. Acho que já entendi muito bem o que ela não é, mas queria entender melhor o que ela é. Em poucas palavras, se possível.

PP: Em poucas palavras? Tipo resenha de jornal? Porra, acabei de dar um curso inteiro sobre o conceito de crítica que acho mais interessante e você me pede para resumir? Sacanagem.

RM: Não precisa ser preciso, é só para eu ter uma ideia. Prometo que não vou mais te interromper.

PP: Assim não tem graça. Mas vamos lá. Na verdade, acho que já disse o mais importante. Lembra do conceito de "integração" do Barthes? Então: se a tarefa do crítico, como ele diz, não é julgar se as opções cênicas do artista que ele analisa estão corretas nem "descobrir" a verdade da obra, mas sim "cobrir" o máximo possível com a sua própria linguagem (que inclui o momento histórico que está vivendo, as suas referências teóricas e as experiências pregressas que teve em outros espetáculos e na vida em geral) a linguagem da obra que ele toma como ponto de partida, temos um primeiro critério para definir a crítica em sentido estrito. Ela tem que integrar e ressignificar o máximo possível de elementos, chamando a atenção para a sua necessidade e a sua articulação. Por mais aparentemente isolado que esteja cada elemento de uma encenação, a crítica precisa tornar visível como esses elementos se constelam.

RM: Mas peraí: isso não é o que tentam fazer os jornalistas quando cedem à CLD e tentam dar conta de todos os nomes da ficha técnica?

PP: De forma alguma. O fato de que eles falam de cada elemento separadamente, sempre na mesma ordem, e dando um destaque excessivo aos nomes dos artistas (outra mercadoria!) responsáveis por cada item da ficha técnica, mostra justamente que eles não são capazes de articular esses elementos, de constelá-los segundo o princípio unificador de cada obra singular. Se fossem capazes de fazer isso, a ordem de apresentação dos elementos no texto crítico seria absolutamente variável, os nomes dos artistas não precisariam necessariamente ser mencionados e sobretudo haveria elementos que, embora presentes em uma encenação, sequer precisariam ser considerados pelo crítico, já que não seriam especialmente relevantes no âmbito daquele recorte particular.

RM: Então, se estou entendendo o que você está querendo dizer, mais importante do que a ideia de "integração" ou de "constelação" é a ideia de "princípio unificador".

PP: Sem dúvida. Isso que estou chamando de "princípio unificador" em um texto crítico funciona assim como um ímã que atrai para si todos os elementos de um espetáculo, tornando possível a sua visualização como produto de um discurso específico.

RM: Mas esse "discurso específico", que para você e para o teu camarada Schelling não se confunde com a "intenção do autor", estava lá antes, à espera de ser descoberto, ou é produzido pela crítica?

PP: Ih, acho que o Japão já se ocidentalizou. Você está me perguntando se o princípio unificador é objetivo ou subjetivo. Nem uma coisa nem outra! Os gregos falavam do "ser" como um "antes que só se mostra depois". Barthes, naquele rodapé, falava que a "crítica consiste em dizer com atraso" aquilo que de algum modo a obra já havia dito. O que é curioso é que nem esse "antes" nem esse "já dito" podem ser lidos como fatos brutos independentes do trabalho de interpretação. Em outras palavras: ao reconfigurar a obra a partir de um princípio unificador, ou de uma questão central, o que a crítica faz é tornar visível na obra algo que sem dúvida já estava lá, mas que jamais teria aparecido e ganhado uma formulação precisa se não fosse o trabalho do crítico. Se faz sentido para quem leu a crítica, se não soa arbitrário, decerto é porque já estava lá. Mas estava lá em estado latente, como uma semente esperando pelo jardineiro que a faria florescer. Sem o jardineiro, essa flor jamais teria vindo à luz.

RM: O crítico é então uma espécie de jardineiro? Mas e o encenador? Essa metáfora não seria válida também para ele, sobretudo quando traz à cena textos clássicos?

PP: Acho que sim, por que não? Uma montagem de um texto preexistente que não é simultaneamente um ensaio sobre esse texto não me interessa. E mesmo que o texto seja novo ou sequer seja o elemento desencadeador do espetáculo, sem primazia hierárquica, ainda assim cada espetáculo precisa ser lido como uma tomada de posição num debate mais amplo sobre a história da arte. Nesse sentido, todo bom encenador tem muito de crítico. Ou de jardineiro. Mas como o crítico opera sobre a obra do encenador, talvez seja possível pensá-lo como um jardineiro de segunda ordem, ou um jardineiro de jardineiros. Afinal, ao trazer à luz virtualidades presentes na obra que nunca teriam vindo a ser, o crítico de algum modo potencializa a obra, torna visíveis para os próprios realizadores camadas que eles não haviam percebido.

RM: "Ninguém pode pular a própria sombra." Acho que essa também já disse hoje. Mas é por isso é que a gente depende do olhar do outro.

PP: Inclusive, acho que os diálogos mais fecundos entre críticos e encenadores se dão justamente quando o encenador potencializa o olhar do crítico através de sua obra e quando o crítico potencializa a obra do encenador através de seu recorte singular.

RM: A crítica como um modo de potencializar a obra, de intensificar o seu alcance, de multiplicar as suas camadas, gosto muito dessa ideia.

PP: Eu também. E o mais curioso é que ela está lá nos primeiros românticos alemães, dos quais o teu brilhante amigo Hegel tanto zombou.

RM: Qual o problema? Hegel tinha razão. A sua. Schlegel também. Que importa que as suas posições sejam contraditórias? Uma vez li no prato de um restaurante de Kioto o seguinte haikai: "O oposto de uma pequena verdade é uma falsidade. O oposto de uma grande verdade é outra grande verdade."

PP: Esse haikai vale para as relações entre as obras. E também para as relações entre distintas críticas de uma mesma obra.

RM: Mas se a crítica é uma forma de intensificar a experiência da obra a partir de uma "reconfiguração subjetiva"...

PP: Agora estou achando melhor falar em "reconfiguração perspectiva".

RM: Que seja. Se a crítica é uma reconfiguração perspectiva da obra, e se as próprias obras são também reconfigurações perspectivas dos textos dos quais partem ou mesmo da história das artes da cena, então qual seria a diferença entre crítica e criação?

PP: Taí uma questão que não sei responder.

RM: A crítica como uma forma de arte? Estupefaciente, meu caro!

PP: Não que autoria importe, mas a ideia não é minha. Os românticos já diziam que "a poesia só pode ser criticada pela poesia". E Lukács, antes de ficar gagá, escreveu um texto belíssimo "sobre a essência e a forma do ensaio" que diz exatamente que "o ensaio é uma forma de arte".

RM: Mas isso significaria que um texto crítico...

PP: Um ensaio...

RM: ... precisa ter a mesma autonomia de uma obra de arte. Essa ideia acho mais difícil de absorver. Faz sentido ler uma crítica de um espetáculo que não vimos nem pretendemos ver?

PP: Por que não faria?

RM: Ué, porque aí o leitor não teria condições de dialogar com o crítico, se entendi bem quando mais cedo você disse que a crítica era também uma forma de diálogo.

PP: Bom você ter falado isso. Essa é uma outra diferença importante entre uma crítica e um juízo sobre a arte, esses papéis de bala. Na verdade, quando o objetivo é consumir a arte, talvez não faça mesmo sentido ler um texto sobre uma obra que a gente não pretende "comprar". Mas o ensaio crítico, a rigor, não é um texto *sobre* uma obra, é muito mais um texto *a partir* de uma obra, que nos leva a pensar em questões que largamente a transcendem. Os românticos, sempre eles, falam em infinitização, na tarefa de mostrar as infinitas possíveis relações entre uma obra e outras obras, entre uma obra e a história, entre uma obra e as questões sociais, políticas e filosóficas mais amplas. Partindo sempre, é claro, de uma análise imanente de forma da obra, de uma reconfiguração perspectiva de seus elementos, de uma atenção às suas mínimas inflexões formais. A obra como microcosmo contém o macrocosmo, expressa-o de maneira singular. A obra como mônada, disse Benjamin. Isso não tem nada a ver com a "teoria do reflexo" do Lukács gagá. A crítica opera de dentro para fora, e não de fora para dentro. Descobre na própria obra o mundo fora dela, em vez de projetar na obra informações (biográficas, estéticas, culturais) que o crítico teria obtido antes, independentemente de sua convivência com a obra — no Google, talvez. Barthes, naquele mesmo texto, diz uma outra coisa muito bonita. Lê aí embaixo de novo.[5]

---

5. Barthes, R., op. cit., p. 163: "O crítico não tem de reconstituir a mensagem da obra, mas somente seu sistema. [...] É com efeito ao reconhecer que ela não é mais do que uma metalinguagem que a crí-

Pausa enquanto Mori lê.

RM: Do caralho! Que ideia bonita essa de que "a crítica não é uma 'homenagem' à verdade do passado, ou à verdade do 'outro', ela é construção da inteligência do nosso tempo".

PP: Também acho.

RM: Engraçado...

PP: O quê?

RM: Tudo o que você me disse hoje é quase o oposto do que eu entendia antes como sendo crítica. Quando pensava em crítica, pensava em algo bastante dogmático, muito impressionista e fundamentalmente negativo. Em português, criticar não é

---

tica pode ser, de modo contraditório mas autêntico, ao mesmo tempo objetiva e subjetiva, histórica e existencial, totalizante e liberal. Pois, por um lado, a linguagem que cada crítico escolhe falar não lhe desce do céu, ela é alguma das linguagens que sua época lhe propõe, ela é objetivamente o termo de um certo amadurecimento histórico do saber, das ideias, das paixões intelectuais, ela é uma *necessidade*; e por outro lado essa linguagem necessária é escolhida por cada crítico em função de uma certa organização existencial, como o *exercício* de uma função intelectual que lhe pertence particularmente, exercício no qual ele põe toda a sua 'profundidade', isto é, suas escolhas, seus prazeres, suas resistências, suas obsessões. Assim pode travar-se, no seio da obra crítica, o diálogo de duas histórias e de duas subjetividades, as do autor e as do crítico. Mas esse diálogo é egoisticamente todo desviado para o presente: a crítica não é uma 'homenagem' à verdade do passado, ou à verdade do 'outro', ela é construção da inteligência do nosso tempo."

normalmente o mesmo que "falar mal de"? E, curiosamente, todas as palavras que você usou para definir a crítica são essencialmente positivas, ou propositivas: integração, intensificação, potencialização, infinitização, reconfiguração, autonomia, coautoria, método do inacabável acabamento, construção da inteligência do nosso tempo...

PP: Todas essas palavras são roubadas dos românticos... Já leu aquele livro do Benjamin sobre o conceito de crítica de arte do romantismo alemão? Quem não ler esse livro, não tenho a menor dúvida, vai direto para o inferno. [*risos*]

RM: Vou ler, pode deixar. Tomara que esteja traduzido para o japonês. Mas e o aspecto negativo da crítica, será que não é importante também? A construção da inteligência do nosso tempo não implica, e mesmo exige, recusar e denunciar as porcarias da indústria cultural que obstruem a emancipação dos espectadores e aprofundam essa visão de que tudo tem que ser mercadoria?

PP: Tenho discutido muito essa questão lá no meu curso sobre a arte da crítica. Os românticos têm um princípio bem interessante: o da não criticabilidade do que é ruim. Tudo o que está abaixo da crítica só merece, deles, o silêncio ou a destruição irônica. Como só gosto de escrever sobre os espetáculos que dialogam comigo, que me dão a sentir e pensar coisas antes desconhecidas ou não formuladas, no meu próprio trabalho tendo a seguir fielmente esse princípio. Afinal, não tendo nenhuma vontade de servir de "guia de consumo", por que perderia meu tempo falando daquilo que, pelo menos para mim, não é relevante?

RM: Nesse caso, a razão seria menos estética ou existencial que política: assumir uma posição nessa guerrilha cultural...

PP: Sinceramente, acho que silenciar sobre o que está abaixo da crítica já é uma posição bem clara. Quando adotada coletivamente, como fazemos na *Questão de Crítica*, aquela revista com a qual colaboro, ela ganha ainda mais peso. Mas, pensando melhor, descobri duas coisas: a primeira é que, assim como toda obra de arte, também os ensaios críticos contêm em si uma negatividade constitutiva. Ao recortar a obra segundo este princípio unificador e não aquele — o crítico, para mim, é talvez mais açougueiro do que jardineiro, já que toda a sua arte consiste em encontrar o ponto de corte preciso, o ponto de corte exigido pela "carne do espetáculo", sendo que esta é inclusive a leitura mais potente da etimologia da palavra "crítica", que vem do verbo *krinein*, separar, romper, fazer uma incisão —, ao realçar estes elementos e não aqueles, o crítico age como o artista. Também ele se apropria só do que lhe interessa na história das formas e, ainda que indiretamente, recusa um monte de outras posições possíveis.

RM: E qual é a segunda coisa que você descobriu?

PP: Que a crítica, mais do que uma reconfiguração perspectiva, é uma reconfiguração prospectiva. A construção da inteligência do nosso tempo de que fala Barthes está muito mais voltada para o futuro do que para o passado, para o que ainda não é mas pode vir a ser, do que para os condicionamentos que tendem a engessar o pensamento. Nesse sentido, em todo ensaio crítico, por mais positivo ou propositivo que seja, há também um momento de denúncia ou negação dos elementos (ou de certas articulações de elementos) que estorvam a realização do ideal da obra, elementos que, ao serem modificados, permitiriam que a obra adquirisse uma potência ainda maior.

RM: Isso não é o clichê de uma "crítica construtiva"?

PP: De certa forma sim, afinal todo clichê tem um fundo de verdade, dependendo de como o lemos. Neste caso, retomando a ideia de que a crítica é fundamentalmente um diálogo entre o espectador que vê a obra e o encenador que primeiro a vislumbrou, unidos pela busca desse inalcançável "ideal da obra", do qual não obstante é sempre possível nos aproximarmos mais e mais, eu diria, para concluir... Você pediu a conta?

RM: Já está paga.

PP: Obrigado, Mori, não precisava. Deixa eu dividir contigo.

RM: Lá em Tóquio você me paga uns saquês.

PP: Combinado.

RM: Você diria para concluir...

PP: Que, hoje em dia, penso a crítica como uma carta aberta aos realizadores de uma obra, sobretudo ao encenador, responsável pela escolha de seu "princípio unificador". Neste sentido, gosto muito de ler o famoso "Ensaio como forma", do Adorno, como uma teoria das correspondências e do diálogo ainda possível em nosso tempo. "O ensaio como forma" outra coisa não é que o ensaio como carta...

RM: E por que você escreveria cartas para alguns encenadores e não para outros?

PP: Por gratidão. Em larga medida, a crítica para mim é o pagamento de uma dívida de gratidão. Dá uma olhada na epígrafe dessa conversa que você vai entender.

RM: Conversa com epígrafe?! Tu é doido! [*pausa para Mori ler a epígrafe. Enquanto lê, vai brotando um sorriso em seus lábios*] Por tudo o que você me disse, diria mais. Lembra quando Stendhal escreveu que "a arte contém sempre uma promessa de felicidade"? Por mais que, como ator, me custe dizer isso, acho que essa crítica de que você falou hoje é tão importante quanto a própria produção de espetáculos para realizar essa promessa.

PP: Que bom que você me entende. Obrigado, meu amigo.

Crítica como carta

Peça de resistência — Carta para Grace Passô a partir da peça *Vaga carne*[1]

Rio de Janeiro, 15 de setembro de 2016

Querida Grace,

se eu tivesse mais tempo, escreveria uma carta de só duas páginas, mas, como não tenho, sou forçado a escrever uma carta mais longa. Desculpe, a edição vai ter que ficar por tua conta.

Já faz um tempo que vi a estreia de *Vaga carne*, no Festival de Curitiba; e também já faz um tempinho desde que revi aqui no Rio, no Sesc Copacabana. Nas duas vezes, pudemos depois ficar juntos um pouco, e falar da vida, essa "farpa de madeira intensa", como você disse tão bonito um dia. Quando acontece isso, de eu ver um espetáculo e depois sair com quem fez, sempre sinto um pudor de falar do que estou sentindo. Não tem a ver com ter gostado ou não. Também não tem a ver com o nível de intimidade que tenho com a pessoa. Tem mais a ver, acho, com uma certa fé na fermentação.

---

1. Texto publicado originalmente no dia 12 de outubro de 2016 na revista *Questão de Crítica*, com base na apresentação de estreia de *Vaga carne* no Festival de Curitiba do mesmo ano, com curadoria de Marcio Abreu e Guilherme Weber. Trata-se de uma crítica escrita no calor da hora sobre um dos trabalhos mais estudados dos últimos anos, que posteriormente foi tema de diversas outras críticas, além de dissertações de mestrado e teses de doutorado.

As sensações brutas, imediatas, por mais que nos arrebatem e atravessem, por mais que nos sacudam e transtornem, por mais que se apoderem da gente e nos levem aonde não sabíamos que éramos capazes de chegar, as sensações brutas nos pedem delicadeza. "Me dá um minutinho, por favor." (Amo o sotaque mineiro que elas têm...) Elas precisam de tempo para ressoar, respirar, fumar um cigarro na saída do teatro e ficar com aquele olhar fixo de míope sem óculos. (Conhece o conto "Miopia progressiva", da Clarice? Acho que tem tudo a ver com a tua atual vaga...) As sensações brutas precisam de um tempo para tomar uma cerveja (quando o bagulho é doido, melhor alternar com cachaça, como aprendi lá na tua terra) e falar de amenidades, quer dizer, de coisas que (aparentemente) não têm nada a ver com o espetáculo que as fez nascer. Quando a gente não é capaz de ouvir esse pedido, e sai falando rápido demais, cortando a voz delas sem esperar o tal tempo de fermentação, aí as nossas sensações brutas fazem que nem aqueles bolos que não chegam à maturidade: elas solam! (Sempre achei a palavra "solar" inadequada para descrever o fenômeno, mas enfim.) É que, quando a gente sai falando por cima delas, mesmo que por entusiasmo ou por excitação com o que acabamos de ver, não sei, parece que elas se vingam da gente por essa falta de cuidado, ou generosidade. A vingança delas é tão (sutilmente) brutal quanto a sua própria natureza: elas simplesmente se deixam domar, domesticar, reconhecer, comparar com alguma outra sensação que já tivemos antes, encaixar em alguma identidade prévia que pouco ou nada tem a ver com elas. Na pior das hipóteses, se deixam até transformar em juízos sobre o trabalho! E aí elas simplesmente se desvanecem na sua brutalidade (ou singularidade) inominável.

"Não precisa de tanta metafísica para justificar o atraso", ouço aqui uma voz me dizer. A princípio, atribuí essa voz a você, mas um segundo depois percebi o disparate. Se você nem sabia que, desde Curitiba, eu estava com vontade de te escrever, como é que poderia estar me pedindo qualquer tipo de explicação pelo atraso? Pera um instante que eu já volto. [*três minutos de silêncio*]

Pronto. Coloquei o meu superego ajoelhado no milho com chapéu de burro de cara para a parede. Acho que hoje ele não incomoda mais. Falando nele, sabe que, nesse trabalho de crítico que faço às vezes, a coisa que mais me irrita é ser colocado no lugar de superego por alguém com quem converso? Quando outra pessoa que mexe com teatro, como eu, fala que está com medo de mim por eu ser também crítico, sou eu que tenho vontade de sair correndo. Nem todo acadêmico precisa ser um babaca! [*risos*] Nem todo crítico precisa ser um juiz, um cagador de regra, um *google boy*, um idiota da objetividade, um tipo que se leva mais a sério do que deveria. Quando eu escrevo uma crítica, muitas formas me interessam — ensaio, diálogo, *paper* acadêmico, resenha jornalística, fragmento autobiográfico, panfleto político, aforisma filosófico, peça de teatro etc. —, mas, qualquer que seja a forma, tem um ingrediente que não pode faltar: a disposição para conversar. Sem ela, o bolo sola! Porra, se nem os carolas e nem os fariseus acreditam que o dia do Juízo Final já chegou, por que os críticos acreditariam?!

Mas deixa os chatos pra lá. Eu estava dizendo que numa crítica não pode faltar a disposição para conversar. E, claro, numa conversa, não pode faltar nem língua nem ouvido. Não necessariamente em doses iguais. Depende do contexto. Às vezes, num papo, a gente é mais escuta; noutros, mais fala. E mais: acho também que não pode faltar a suspeita de que não ouvimos o suficiente, de que não ouvimos tudo o que havia para ouvir, de que conversando com o outro (e não necessariamente com o autor do trabalho em questão, se é que isso existe, "o" autor), a gente sempre pode ouvir notas que haviam escapado, aumentar a polifonia, a ambiguidade, a riqueza. Ouvir mais, desculpe dizer essa obviedade logo para você, não tem nada a ver com ouvir certo. Só tem conversa onde o certo e o errado, o bom e o ruim já ficaram para trás. Só tem conversa onde o superego está ajoelhado no milho, onde ninguém pede justificativas a ninguém, onde todo mundo tenta dar o que não tem: essas nossas visões sempre parciais, efêmeras, escorregadias, vagas. Tadzio caminhando entre as colunas do hotel no *Morte em Veneza* do Visconti... Como descrever isso que risca a gente como um raio? (Estrela e luar não. Cala a boca, Wando!) Em suma: só tem conversa onde tem amor — supondo que nosso amigo Lacan, que me disse ter gozado demais com a tua *Vaga carne*, tinha razão ao dizer que "amar é dar o que não se tem".

Acho que a tua peça era uma conversa. (Tenho grande dificuldade em entender o conceito de monólogo. É que até hoje nunca vi esse tal de "monos"... Durante muitos anos, meu romance preferido foi *Um, nenhum, cem mil*, do Pirandello.) Vendo a tua *Vaga carne*, achei que ela era lacaniana, pirandelliana, graceana... Mas ela é uma só? Acho que passô por isso tudo, êta trocadilho infame!, mas não se fixou não. Uma vaga, em todo caso, é também uma onda, movimento ininterrupto, sem princípio nem fim. Uma onda: o mar em miniatura.

Esta carta também pretende ser uma conversa. Claro que tem a especificidade de ser uma carta que eu sei de antemão que outras pessoas vão ler. (Vou publicar na *Questão de Crítica*.) Mas o que faz ela ser diferente não é isso. A tua peça também não deixa de ser uma conversa "íntima e pessoal" (as vozes do clichê são foda de não ouvir...), mesmo sabendo que alguma hora o público chegaria. A diferença é que, no nosso papo, primeiro eu ouvi você(s), duas vezes, em dois contextos distintos; agora vou (vamos) falar um pouco; e depois, espero, vou ouvir você(s) de novo, de um jeito outro que ainda não sei qual seria. Preciso confessar que sempre fico frustrado quando escrevo uma crítica sobre um espetáculo, em qualquer forma que seja, e depois o diretor não me responde de algum jeito. Só falar não tem graça nenhuma! Todas as críticas que já escrevi, no fundo, eram cartas endereçadas aos realizadores dos espetáculos, um convite para conversar. Mas esta é a primeira em que assumo isso explicitamente. Vamos ver se dá liga.

Ih, acabei esticando tanto este preâmbulo que já está na hora de eu sair para o Sesc Ginástico. Vou ver o *Bianco sur bianco*, do Goos e da Helena, dois amigos que andaram pelo Espanca! na semana passada. Você conheceu? É um casal muito fofo, como diria a tua Twitsa...[2] Depois eu conto.

---

2. Personagem interpretada por Grace Passô em *Krum*, de Hanoch Levin — em montagem dirigida (e adaptada) por Marcio Abreu.

[*madrugada insone. Vastas emoções e pensamentos imperfeitos*]

Cheguei do teatro, tentei dormir, mas a nossa conversa continua dentro de mim, por mais que agora eu preferisse o silêncio. Duas da manhã: desisto de lutar. A voz é tão insistente que faço um esforço danado para abrir o olho, catar o celular que está na cabeceira e registrar aqui, de imediato, esses pensamentos imperfeitos que dão voz às sensações brutas, vastas e vagas que estão sacudindo o meu corpo neste momento.

Todas as mulheres do mundo. Aí incluídos os homens, claro. Se disséssemos "as mulheres" para nos referir ao coletivo da raça humana, seria mais preciso. O privilégio da escuta e dos atravessamentos todos, o feminino, contra a história da dominação fálica, o masculino, de quem não quer mais escutar nada, só falar. Quando Kant desistiu da coisa em si, quando Wittgenstein disse que "sobre o que não se pode falar, deve-se calar", aí a filosofia começou a ir pro brejo. Felizmente veio Adorno e resistiu: Wittgenstein provou que não era filósofo quando disse isso. Essa é justo a melhor definição da tarefa da filosofia: dar um jeito de falar do que não se pode falar, dizer o indizível. Quem que está falando? Posso dormir um pouco, só até às seis? Minha filha Elisa já vai acordar...

De repente, uma voz que te atravessa, e que eu ouço, me atravessa também. E passa a ser minha. E eu dela. Máquina de aumentar eus. De explodi-los. Multiplicá-los. Recompô-los. Multiplicá-los. Até não caberem mais no corpinho que lhes dá suporte. Jeff Goldblum num casulo do Cronenberg. Explodi-los, os casulos. Aumentá-los até desmembrá-los. As mãos forçando para além dos limites. O corpo todo umas mãos. Mãos como gritos. Multiplicá-los. Que venham os atravessamentos todos. Que não fique pedra sobre pedra. A alegria do dilaceramento. O infinito. Não é possível prever o número de vozes que podem me atravessar, me possuir por um instante. Me ser. E passar. Passar sempre. Não ser nada. Só ser. Finalmente um mesmo movimento. Uma onda. É quente aqui dentro. Quando acabo um livro, estou morto. Não valem nada, os patos. Pato é danado. Pato, você não me engana mais. Minha vó me chamando de pato, patuca. Minha filha no carro: o pato. O pato. O pato. Lá vem o pato pataqui patacolá. Aqui, acolá, a voz, as vozes. Acabou a música. De novo. Pato. Pato. Pato. Elisa nunca satisfeita. Até explodir. Um dia é o neném. O quê? Neném. Hum?! Neném. Ah... Quê que tem na sopa do neném? Quê que tem na sopa do neném? Será que tem espinafre, será que tem alicate? Acabou, filha, vamos mudar de música. Neném. Mudar pra quê se cabe tudo aí? Neném. Não quer o pato? Neném. O rádio do carro está cansado! Neném. Cabe tudo na sopa do neném. Beterraba tomada palhaçada feijão agrião avião. Passar por isso. Ser passado por isso. Doeu? Passou. Doeu? Passou. Doeu? Passou. Vou soprar, espera. Inspera. Inspira. Respira. E...

Nada a ver, sabe, nada a ver mesmo com o prazer plebeu de viver outras vidas. Não estou falando de turismo, não estou mesmo. Não é que nem entrar num avião, chegar num outro lugar, tirar umas fotos só pra provar pra si mesmo (si mesmo, veja só!), voltar como se nada tivesse acontecido e sonhar com a próxima foto, a próxima viagem, a próxima volta como se nada tivesse acontecido. Não é isso. A voz não faz turismo. Onde mora, demora. Mesmo que por um segundo, um segundo só do tempo do relógio. Onde mora, demora. Onde dura, mistura. E passa a ser minha. E eu dela. Máquina de aumentar eus. De explodi-los. Multiplicá-los. Recompô-los. Multiplicá-los. Até não caberem mais no corpinho que lhes dá suporte.

A voz misturada em mim. Porra, cabe tudo aqui dentro. Sou esse cheiro de café essa parede essa poltrona esse pato. Sou isso. Isso. Isso. Id. Caralho. O eu não tá dentro. O eu tá fora, porra. Fora de si. Eu fica louco, eu fica fora de si, eu fica assim, eu fica fora de mim. Eu estou transbordando, êxtase fudido, eu. O único eu é o que transborda, eu nenhum que passa fica, dura. O único eu. Eu único. Que filosofia do sujeito maluca, sô! Mas não é que é isso? Um único eu, uma única voz atravessando tudo. Uma voz, já que é impossível estabelecer limites fronteiras gêneros raças espécies.

É, mas esse impossível acaba sendo também inevitável. E intolerável. Esse impossível não parou de se possibilitar desde que o mundo é mundo. Eu inclusive. Não posso ser o outro? Quem sabe. Talvez não possa, assim, por um ato de consciência vontade compaixão. Talvez eu não possa ser o outro. É que, quando penso em ser o outro, é como se pensasse em visitar Paris, Praga, a puta que pariu, sei lá. Já inventei ou repeti a velha invenção, repeti à exaustão, a lei do cada um no seu quadrado. Como se fosse possível isso. Eu aqui. Você aí. Cada um no seu quadrado. Cuma? É isso mesmo. Você está de brincadeira. Você falou comigo e, de repente, já não tinha você nem tinha eu. A tua voz reverberou aqui dentro, me invadiu todos os buracos e reentrâncias, se tornou eu, remexeu tudo. Virou do avesso. A origem do Papai Noel segundo Elke Maravilha, viu na internet? Olha lá. Tá no programa do Amaury Júnior.[3] Um adolescente de uma tribo escandinava realiza um rito de iniciação: precisa sair sozinho na neve e matar na base da faca um urso branco. Muitos não voltam. Mas esse voltou. Tinha estripado o urso e trazia a sua pele do avesso: o pelo branco para dentro, servindo de casaco, e as entranhas todas vermelhas carne viva morta virada para fora, vermelho, vermelho, vermelho. O gelo congelou a barba do agora jovem adulto, que ficou toda branca. Passou pelo ritual de iniciação. Agora já pode ser papai. Papai Noel.

Que presente! Que presente você me deu, me dá. Que Graça! Não tem eu! Se tem, é essa voz que atravessa desfazendo as máscaras, e explodindo arrebentando multiplicando desmembrando. A voz das bacantes. O canto. No princípio era o canto, no princípio era o coro. A verdade. Não tinha eu. Não tem eu. Não tem quadrado A quadrado B quadrado C. Não dá pra guardar o espaço num caixote. Um teatro, um apartamento, um shopping center. Dá pra ter a ilusão de que dá. Mas o espaço continua lá, inteirão, e eventualmente vai fazer furos em todos os caixotes, voltando a ser um de novo. O espaço a voz uma voz todas as vozes do mundo. De uma vez. Em voceu. Voceu. Voceu. Que voz! Vozeu! Vozeu!

Êta insônia braba de endoidecer. Viver é bom. Naquela caixa do Sesc vivi. Em outras também. E fiquei pensando matutando aquele fim tão abrupto. Em mim não acabou não teve fim. E

---

3. https://www.youtube.com/watch?v=bebAshQULw4.

achei isso: se deixar possuir pela voz que é todas as vozes, se deixar atravessar sem querer controlar, não é essa a condição mais básica de toda ética e toda política? Não estou falando de um ser humano abstrato, que calhou por coincidência de ser macho branco europeu, não é isso. Mas no fundo da voz estão todas as vozes. E, mesmo que não dê para escutá-las todas de uma vez — escutar tudo seria o mesmo que não escutar —, o ser atravessado por miríades de vozes particulares podia quem sabe me abrir me arrombar pros encontros com voceu e euoutro. Do outro lado da antropofagia no fundo dos teus nossos olhos a imperativa incoercível necessidade de ser muitos, todos, de ouvi-los. Até que vão se tornando mais e mais fracas as vozes dos empreiteiros construtores de caixas muros espaços privados e vão aparecendo com cada vez mais brilho vão se tornando cada vez mais audíveis as vozes a voz que só consegue deixar ser. Deixar ser-se. Ser tudo junto. Nóis. Você me entende?

[*no dia seguinte, o despertar*]

"Apague os rastros", diz Brecht num poema tão bonito. Mas diz isso, creio, com ironia, chamando a atenção para o perigo que é deixar rastros, mas também para o fato de que uma vida sem risco e sem rastro não vale lá grandes coisas.

Agora que acordei e reli os atravessamentos de uma noite insone, fiquei com vontade de apagar os rastros. Mas não. Vou deixá-los aí, mesmo sem conseguir vislumbrar inteiramente o seu sentido.

A primeira vez que vi *Vaga carne*, lá no Paiol, em sua estreia no Festival de Curitiba, estava muito mergulhado na construção da dramaturgia de *O imortal*, a partir da obra do Borges. Aí, inevitavelmente, tendi a ler a voz que se instala naquele corpo de mulher, o teu corpo, como uma espécie de personificação do movimento da história, ou da tradição, ou da linguagem em geral (antes de se tornar linguagem humana e muito antes de se tornar uma língua particular). Nessa primeira camada de leitura, fortalecida pela dissonância entre o cenário da peça (um corpo de mulher) e a personagem (a voz), pela inadequação da voz àquele corpo, ou pela incapacidade de aquele corpo "reapresentar" aquela voz de forma "natural", o que saltava à vista era a violência com que o espírito absoluto (Hegel) ou o cortejo triunfal dos vencedores (Benjamin) pretendiam domesticar e submeter aquele corpo a princípio pensado como massa amorfa, aquele corpo a princípio mostrado como catatônico. À primeira vista, era como se estivesse sendo ostensivamente trazida à cena toda a violência inerente a qualquer processo educativo. Era como se a voz, do alto da sua experiência e da sua cultura (desde os primeiros instantes, enquanto ainda circulava pelo espaço do teatro, a voz fazia questão de deixar claro o quanto era "viajada", apresentando inclusive um tom ironicamente professoral), quisesse colonizar aquele corpo, civilizá-lo, submetê-lo à sua lei.

A peça como um todo, sob essa ótica, é uma peça de resistência, já que o corpo mostra a cada passo a sua resistência muda, a sua insubmissão, a sua indocilidade aos padrões pretensamente "civilizados". Quando, ao fim do espetáculo, a voz berra "Sou uma mulher negra", já não é mais a voz quem fala, mas sim o corpo. Ou melhor: a voz já não tem como manter-se purificada dos corpos que atravessa — de voz da dominação, de espírito absoluto e pretensamente abstrato, converte-se na voz de corpos heterogêneos com inscrições sociais, culturais e raciais particulares, corpos que decididamente não se deixam domesticar segundo nenhum padrão pretensamente universal. (Por isso, se bem me lembro, e é pena não ter o texto da peça aqui comigo para enriquecer essa lembrança, quando a voz sai de cena, ela sai com uma pergunta, "O que você tem pra falar?" ou coisa parecida, abrindo espaço para que agora aquele corpo fale, aquele corpo invente a sua própria voz. Aquele corpo incluindo os nossos, corpos catatônicos de espectadores que também são provocados a fazer seus próprios experimentos vocais.)

Hoje, tanto tempo depois, ainda tentando destilar as primeiras sensações brutas que tive no Paiol, me lembro da descoberta feliz que foi perceber o quanto a tua peça inverte Hegel e Borges. Quando Hegel diz que "tudo o que somos, somos por obra da história"; ou quando Borges, citando o Eclesiastes, diz que "não há nada de novo sobre a terra" e que "toda novidade não é senão fruto do esquecimento", ambos parecem enfatizar o quanto o novo é determinado pelo velho, o quanto as transformações não são senão aparentes, o quanto estamos fadados a ser esmagados pelo rolo compressor da história — uma história pensada como linear e progressiva. É como se ambos negassem a possibilidade de uma verdadeira mudança. Ocorre que, no teu trabalho, a ênfase é sutilmente deslocada: em vez de salientar como as vozes particulares, os corpos singulares, são inconscientemente determinados por um único movimento histórico que lhes ultrapassa, você sublinha um fato bem menos evidente. O fato de que pequenas resistências locais — basta um corpo não se submeter, não se tornar eficiente, bem-comportado e natural — vão lentamente impregnando a voz dominante, obrigando-a a incorporar diferenças que antes ela excluiria, a ampliar-se, a multiplicar-se e, no limite da utopia, a explodir.

Vou me lembrar de *Vaga carne* como uma torção subversiva da "terra devastada" do T. S. Eliot: *"This is how the world ends: not with a bang, but a whimper"*.[4] Se, na boca de um Marlon Brando moribundo no fim de *Apocalypse now*, a vitória silenciosa das forças mais regressivas é melancólica ou niilisticamente pensada como inevitável (compreensão mítico-religiosa do eterno retorno do mesmo como igual), na tua boca, querida Graça, eu escuto os passos cada vez mais numerosos de um exército que, na sombra, vai se avolumando e fortalecendo. Emerge um coro de sussurros: "O seu mundo acabou. O mundo da norma e da lei e da abstração e do sentido único e da política reduzida à economia acabou. Golpistas, não passarão."

Tomara que estas palavras façam algum sentido para você. Em todo caso, tatear o teclado à procura delas me deu quase tanto prazer quanto o de um vidro que trinca sem aparente motivo. Obrigado pela conversa.

Um beijo,
Patrick

---

4. Em tradução livre: "É assim que o mundo acaba/ não com uma explosão, mas com um gemido."

Mão invisível — Carta para Marcio Abreu a partir das peças *Nós, Krum* e *Nômades*[1]

Rio de Janeiro, 21 de setembro de 2016

Querido Marcio,

o que dizer? O que dizer, assim, em público, que não seja obsceno demais? Nem de menos? Que palavras usar para descrever a tua importância para mim, como artista e como amigo, sem recair nos velhos clichês? Será possível, também numa carta, fazer como o Bacon do Deleuze e desentulhar a tela de todos os lugares-comuns? Ou pelo menos de alguns deles?

Eu certamente seria obrigado a levar mais a sério essas perguntas se, por acaso, não tivesse esbarrado outro dia com a dedicatória que você escreveu para mim naquele teu livro com as dramaturgias de *Maré* e do *projeto brasil*. Desde então, penso nela sempre que fico triste. "Entre nós", você me disse, "as palavras são e serão sempre insuficientes".

---

1. Texto publicado originalmente na revista *Sala Preta* (v. 16, nº 2, 2016), como parte de um dossiê sobre a companhia brasileira de teatro organizado por Maria Clara Ferrer. Foi escrito em diversos momentos distintos sob o impacto da apresentação de *Nós*, do Grupo Galpão, com direção de Marcio Abreu, no Sesc Ginástico do Rio de Janeiro. Aqui se recupera a história da criação de dois espetáculos anteriores do mesmo diretor, *Krum* (2015), no qual colaborei como interlocutor artístico, e *Nômades* (2014), no qual colaborei como dramaturgo.

E, no entanto, a gente tenta. Às vezes com palavras que são gestos, outras com palavras que são ações; outras com palavras que são palavras mesmo. Eu gosto demais quando basta só um olhar. E, mais ainda, quando olhamos os dois juntos para uma mesma coisa e, sem precisar virar a cabeça, sinto que sentimos o mesmo. Um mesmo necessariamente diverso. Ainda assim, o mesmo.

Você tem um tempinho agora? Então, olha isso:

Para mim, o mais importante na tragédia é o sexto ato:
o ressuscitar no campo de batalha,
o agitar das perucas e dos trajes,
o arrancar a faca do peito,
o tirar a corda do pescoço,
o dispor-se na fileira entre os vivos
de cara voltada para o público.
Os agradecimentos individuais e coletivos:
a mão branca sobre a ferida no peito,
o reverenciar da suicida,
o acenar da cabeça cortada.
Os agradecimentos aos pares:
a fúria dando o braço à brandura,
a vítima trocando um olhar doce com o carrasco,
o rebelde sem rancor acertando o passo com o tirano.
O pisar da eternidade com a biqueira da botina dourada.
O escorraçar da moral com a aba do chapéu.
A incorrigível prontidão de recomeçar amanhã.
A entrada em fila indiana dos mortos

nos atos terceiro, quarto e nos entreatos.
O milagroso retorno dos desaparecidos sem notícia.
Pensar que esperavam pacientemente nos bastidores,
sem tirarem as vestes,
sem limparem a maquilhagem,
comove-me mais do que as tiradas trágicas.
Porém, o mais sublime é o cair do pano
e o que se avista através da fresta minguante.
Aqui, uma mão apressa-se para chegar às flores,
acolá, uma outra apanha a espada caída.
Por fim, uma terceira mão invisível
cumpre o seu dever:
aperta-me a garganta.

Foi muito estranho o jeito como fiquei conhecendo esse poema. Estava em Brasília, apresentando *O imortal*, e fui tomar uma cerveja com o Gustavo, um amigo que conheço há mais de 25 anos e que hoje é diplomata, um cara que foi muito importante na minha adolescência, que me mostrou pela primeira vez que a poesia podia ser uma droga poderosa. (Aliás, este é o mote da minha próxima peça, outra hora te conto.) Depois que conversamos um bom tempo olho no olho — "É muito bom dizer coisas que realmente importam pra gente!" Lembra das nossas nômades falando isso? —, chegou a minha hora de voltar pro teatro. Ele me ofereceu uma carona. Já no carro, antes de dar a partida, ele me disse que, todos os dias de manhã, tinha o hábito de ler dois poemas, para ir digerindo ao longo do dia. (Não perguntei por que dois, e não um ou três, porque sei o quão metódico ele pode ser. Mas achei uma ótima receita para o café da manhã.) Justo naquele dia, um dos poemas tinha feito ele lembrar de mim. Sacou o celular do bolso e leu em voz alta, ali mesmo na penumbra, o poema que transcrevi aí em cima. (É bom demais quando alguém mostra pra gente uma coisa bonita que não conhecíamos. Sempre sinto inveja dos meus alunos quando eles me dizem que, sei lá, nunca leram Borges. Porra, vão poder ler pela primeira vez, que sorte!) Perguntei o título.

"Impressões do teatro", ele me disse, "daquela poeta polonesa que ganhou o Nobel". "A Szymborska? Que coincidência!", retruquei. "Fiquei sabendo quem era ela outro dia, na peça de um amigo muito querido: *Nós*, você tem que ver! Mais para o final, um ator maravilhoso, o Paulo André, lê um poema dela em cena."

"Esse?"

"Não, outro."

"Como é que era?"

"A peça?"

"Não, o poema."

"Como é que era mesmo? [*faço um esforço inútil de memória*] Não lembro."

"Me conta então a peça. Quem sabe assim você não lembra."

"Pode ser. Era mais ou menos assim:"

Aqui eu preciso interromper o diálogo no carro, em nome da verossimilhança [*risos*]. Mesmo que, como dizia o velho Ari, muitas coisas que efetivamente acontecem não sejam nada verossímeis. Não pretendo reinventar as palavras com que contei para o Gustavo a tua peça. Seria divertido fazer isso, mas aí esta carta seria para ele, não para você. O modo como a gente conta as coisas depende sempre da relação que a gente tem (ou estabelece!) com quem ouve. (Essa acho que aprendi contigo, Marcio!) Enfim, só sei que, quando acabei de contar, lembrei que o poema era uma espécie de agradecimento. "Agradecimento aos que não amo?!", ele exclamou entre admirado e incrédulo. "Que coincidência! Esse foi o outro poema que li hoje." Imediatamente o Gustavo sacou de novo o celular e leu em voz alta o poema abaixo — que bom que ainda existe gente que gosta de ler em voz alta! (Fiquei um pouco decepcionado quando percebi que muitos atores não gostam.)

Devo muito
aos que não amo.

O alívio de aceitar
que sejam mais próximos de outrem.

A alegria de não ser eu
o lobo de suas ovelhas.

A paz que tenho com eles
e a liberdade com eles,
isso o amor não pode dar
nem consegue tirar.

Não espero por eles
andando da janela à porta.

Paciente
quase como um relógio de sol,
entendo o que o amor não entende,
perdoo
o que o amor nunca perdoaria.

Do encontro à carta
não se passa uma eternidade,
mas apenas alguns dias ou semanas.

As viagens com eles são sempre um sucesso,
os concertos assistidos,
as catedrais visitadas,
as paisagens claras.

E quando nos separam
sete colinas e rios
são colinas e rios
bem conhecidos dos mapas.

É mérito deles
eu viver em três dimensões,
num espaço sem lírica e sem retórica,
com um horizonte real porque móvel.

Eles próprios não veem
quanto carregam nas mãos vazias.
"Não lhes devo nada" —

diria o amor
sobre essa questão aberta.[2]

Voltando a esta nossa conversa em forma de carta... Acabei de lembrar que, no dia seguinte à noite em que fui assistir a *Nós* no Rio, no Sesc Ginástico, te escrevi a seguinte carta, que transcrevo abaixo porque gosto da ideia matrioskiana de uma carta dentro da carta e também porque, de algum jeito, acho que aquele e-mail do dia 19 de junho revela um pouco o que estou chamando aqui de "mão invisível" — título que só neste momento percebi que o Mercado tentou roubar de você...

* * *

Rio de Janeiro, 19 de junho de 2016

Bom dia, querido, acordei com umas sensações tão fortes em mim (na verdade, elas é que me acordaram!) que resolvi escrever logo para não perdê-las de todo. A ideia é escrever uma crítica, mas eu ando tão fraco no cumprimento dos compromissos, tão infantil indisciplinado (feliz?), que me deu vontade de te mandar logo. É que, no fundo, escrever uma crítica ia ser só um jeito de seguir conversando com você, e assim também dá, ainda que de forma muito mais desorganizada. Mas acho que você não vai se importar, já que não tem o menor pudor em espalhar purpurina (e água e comida!) pelo cenário todo... [*risos*]

---

2. "Agradecimento", de Wislawa Szymborska.

Notas sobre *Nós*: Galpão visto por Marcio

Pensar o espetáculo como uma sessão de análise de grupo, onde o que se busca é a exposição/apresentação da verdade do sujeito — no caso, do sujeito chamado "Grupo Galpão". Já que a "verdade do sujeito" não pode se apresentar diretamente, como se fosse alguma coisa escondida por trás do que se vê e do que se faz, alguma "identidade fixa" que bastaria "descobrir"; como verdade não tem nada a ver com essência (muito pelo contrário!), era preciso colocar aquelas pessoas que integram o grupo fazendo alguma coisa, qualquer coisa, diante de nós, os espectadores. Os nós deles diante dos nossos nós, quanto mais perto melhor! Quanto mais perto melhor! Quanto mais perto... Até ser tudo um só nós. Nós tecidos (como a precariedade da vida e a precariedade do teatro obrigam) de uma amarração precária feita com fita-crepe!

Essa ação superficial, ou conjunto de gestos (que incluem palavras e pensamentos — no teatro tudo é gesto, até o "texto"), precisava ser preferencialmente uma ação cotidiana, uma ação que um grupo de pessoas com mais de trinta anos de convivência já repetiu inúmeras vezes. Cozinhar, por exemplo, fazer uma sopa e uma caipirinha juntos, compartilhar o pão e o vinho do nosso amigo Frederico Hölderlin.

Só no dia seguinte, na hora estava tudo junto e misturado em mim, percebi que em *Nós* havia uma reflexão sobre o amor que levou aquelas pessoas, há tantos anos, a quererem ficar juntas, apesar de todas as diferenças. Não há reflexão sem experiência corporal (daí as cenas de nudez e violência física!).

Não há experiência corporal (ao menos no teatro) onde não haja a possibilidade de transmitir de algum modo essa experiência. *Nós* como uma tentativa de recuperar aquilo que estava ali na origem do nosso arquigrupo de teatro, o Grupo Galpão, que era a própria origem (*arché*!), e que, como verdadeira origem, não se confunde com início: precisa sempre se reatualizar, já que sempre corre o risco de morrer antes do corpo (instituição) que a abriga. Se a origem não se origina de novo a cada vez, dá lugar a uma repetição maquinal, desalmada, descorporificada. (Pura representação?)

Se a alma do ensaio é a repetição (ensaio em francês se chama repetição!), a peça como um todo (ficava me lembrando o tempo inteiro de *Ensaio de orquestra*, do Fellini) é uma tentativa de separar o joio do trigo: a repetição maquinal que ameaça qualquer relação institucionalizada (qualquer nós!) dos pequenos gestos que, repetidos com variações mínimas, nos fazem ver o quanto o outro é infinito, o quanto nenhum predicado dá conta, o quanto a beleza mais sublime não precisa ter nada de extraordinário ou de espetacular, muito pelo contrário: pode estar em cada pequeno gesto, em cada pequena frase, ou silêncio, ou riso, ou corpo nu, desde que se guarde um enigma, um desconhecimento da verdade do outro (da verdade de si!). Esse enigma é a origem do encantamento que a gente pode ter, por exemplo, vendo a pessoa amada cortando uma cebola.

O sujeito da psicanálise, alguém já disse, é que nem pele de cebola. É aparência atrás de aparência, máscara atrás de máscara, sem nenhuma verdadeira face por trás. O sujeito é sempre um visconde (a ilusão do eu íntegro!) partido ao meio, já disse o próprio Galpão! O sujeito é um divíduo — abaixo a ilusão de pureza do "in", do "não". Porra, "se eu quiser fumar eu fumo, se eu quiser eu bebo"! Ou faço as duas coisas ou nenhuma. Nada do que eu fizer, isoladamente, pode me definir. Isso seria o inferno de *Huis clos*. O inferno são os outros que, com dados muito parcos precários, querem se convencer me convencer de que sabem quem eu sou. Sou onde não me penso. Um grupo de teatro é uma bela imagem de um divíduo, com todas as suas pulsões contraditórias. E cada pulsão (integrante) por sua vez é ramificada em outras (tende sempre à desintegração). E cada outra em outras... A "integridade" é putamente difícil! O mistério da cebola, de novo.

A verdade do sujeito é a verdade do divíduo.

Nós, em suma, como um ensaio sobre o amor!

Beijos e saudades de ficar mais tempo junto!

PS: A Szymborska que me perdoe, mas agradeço mesmo aos que amo. [*risos*]

* * *

Paris, 6 de outubro de 2016

Hesitei pensando se continuava esta carta, que já está perigosamente se transformando em um diário. Se continuo, é por suspeitar um pouco de todos os fechos com chave de ouro... [*risos*] Desde que o Brás Cubas fechou as memórias dele com aquela mentira descarada de que não tivera filhos e portanto não havia "transmitido a nenhuma criatura o legado da nossa miséria" — e o teu livro, meu caro Brás?! —, sempre desconfio dos arroubos da retórica. E também porque te encontrei ontem aqui na França, e conversamos, e já novas impressões vieram *bouleverser* aquilo que eu pretendia dizer...

Quando a Maria Clara Ferrer me convidou para escrever um texto para este dossiê da *Sala Preta*, pensei em finalmente escrever o longo posfácio jamais escrito sobre o processo de *Krum*, que acompanhei de perto. Minha ideia era mostrar que *Krum*, por mais interessante que fosse o texto do Hanoch Levin, só tinha chegado àquele grau de pungência por conta do modo como antes (durante todo o período de ensaios) e depois de cada apresentação e de cada temporada (pessoalmente mas também via WhatsApp) os atores e todas as pessoas que integraram a equipe tinham construído uma relação de amor rara de se ver. O que eu pretendia mostrar era que a tendência a um certo esquematismo dos personagens do Levin, a ponto de todos eles serem designados por epítetos, só tinha sido superada por conta das múltiplas camadas que cada ator emprestou a cada um dos personagens que viveu. Essas múltiplas camadas, por sua vez, para além de qualquer jargão teatral, tinham a ver com a possibilidade da construção de uma "humanidade acebolada", quero dizer, de um espaço afetivo no qual cada ator se relacionava com o outro (aí incluídos os personagens da peça e os membros da equipe) sem pressupor a possibilidade de definir o outro, de conhecê-lo em sentido vulgar, isto é, de reduzi-lo a uma série mesquinha de predicados. Pretendia mostrar, em suma, que o cerne do teu trabalho como diretor, pelo menos nos dois processos que vivi a teu lado (*Nômades* e *Krum*) tinha a ver com o modo como você pessoalmente suportava esse não saber, se alimentava dele e, numa espécie de contaminação viral, invisível, transmitia a disponibilidade para viver esse não saber a todos os teus colaboradores. Essa disponibilidade, anterior a todas as tuas múltiplas referências estéticas e filosóficas, a toda a tua experiência como encenador e dramaturgo, sempre me pareceu a base de tudo. Por isso pensei na metáfora da "mão invisível": não no sentido capitalista de uma mão que manipula ou titereia os processos econômicos e sociais, e sim no sentido de uma mão que acolhe, que abraça o coração da gente, de uma mão que nos esquenta a ponto de suportarmos deixar de lado o já vivido e o já sabido em vista de outra coisa ainda sem nome. Sei que você me entende, sei que as pessoas que já trabalharam com você também vão me entender. Mas e todos os outros que talvez venham a ler este texto?

A relação com o outro é tudo, como você mostrou naquele texto performático que escreveu para o 3º Encontro Questão de Crítica, publicado em livro disponível online (para quem quiser procurar), então vou tentar ser mais claro. Posso dar um exemplo que não tem nada a ver? "Pode tudo, só não pode qualquer coisa", me disse o Cesar Augusto. Então: lembra do *Janela indiscreta*, do Hitchcock? Lembra do modo como o James Stewart caga e anda para a Grace Kelly o filme inteiro? Boa parte do charme do filme depende do nosso estupor como espectadores — ou da "direção de espectadores" que o Hitchcock adorava praticar. A gente se pergunta: é possível que ele não esteja vendo o que eu estou vendo? É mesmo possível que essa mulher maravilhosa (linda, sofisticada, rica, inteligente, bem-humorada, cheia de amor para dar) seja invisível para ele?! Não, não é possível! E, no entanto, ele efetivamente não a vê... Numa sessão de massagem, a certa altura do filme, a massagista chega a repreender o James Stewart por isso. E ele responde: "Ela é bonita demais, inteligente demais, perfeita demais." Como é possível amar alguém com tantos predicados?! Nesse caso, já não seria mais amor — dar o que não se tem e receber o que não tem nome —, mas interesse. Ao que a massagista responde: "Os casamentos hoje parecem uma entrevista de emprego. Tudo uma questão de curriculum vitae. E o amor para mim não tem nada disso: é a batida de dois táxis na Broadway."

A arte de provocar batidas inesperadas, ou melhor, de ensinar a disponibilidade para experimentá-las: será que o teu trabalho não tem a ver com isso? E, num outro sentido, também com a perpetuação disso? (Lembrei agora do Alain Badiou, naquele belo livrinho, *Elogio do amor*, dizendo que o amor é menos a arte do encontro, sempre absolutamente casual, do que o cuidado cotidiano com a sua perpetuação, com a conversão do acaso em necessidade.)

* * *

Parando para reler tudo o que escrevi nesses três momentos distintos, e lembrando da conversa que tivemos ontem, me dei conta de que não falei do nosso processo de criação de *Nômades*, como havia prometido à Maria Clara, mas não estou sentindo necessidade de fazer isso agora. (Já disse quase tudo que tinha para dizer no longo posfácio do livro com o texto da peça publicado pela Cobogó, para quem tiver interesse.)[2] O que eu queria mesmo era que toda essa articulação entre a tua mão invisível como diretor, o sexto ato da tragédia de que fala Szymborska e a disponibilidade para aquilo que não tem nome (também conhecida como amor) fizesse algum sentido para você e deixasse entrever, como que pela fresta de uma cortina em vias de se fechar, alguns possíveis traços dos teus trabalhos futuros. Mas como só faz sentido profetizar o passado, me calo. Afinal, e me perdoe pelo fecho com chave de ouro, (não consegui resistir... rsrs), "entre nós, as palavras são e serão sempre insuficientes".

Um beijo, meu amigo querido,
Patrick

---

2. Pessoa, Patrick; Abreu, Marcio. *Nômades*. Rio de Janeiro: Cobogó, 2015.

Crítica como agradecimento

Depois do filme — para Aderbal-Freire Filho[1]

No programa da peça *Depois do filme*, escrita e dirigida por Aderbal Freire-Filho, que além de tudo é o único ator em cena, ele apresenta galhardamente "14 razões para não escrever um texto para este programa". Contra essas catorze razões, as quais de fato todas são muito convincentes ou, conforme o ponto de vista, estapafúrdias — a escolha dependerá do humor do espectador, que é convidado a participar do jogo proposto por Aderbal desde a entrada na bela sala do recém-inaugurado Teatro Poeirinha —, eu apresento três razões, estas sim irrefutáveis: 1) o programa contém a epígrafe da peça, sem a qual não se compreendem nem a sua gênese nem o seu alcance; 2) define o seu princípio formal como "cinema falado", desdobramento fecundo dos "romances-em-cena" dirigidos por Aderbal nas duas últimas décadas; 3) apresenta a mesma dialética entre negação teórica ("14 razões para *não* escrever...") e afirmação

---

1. Texto publicado originalmente na revista *Viso: Cadernos de Estética aplicada* (v. 5, nº 10, 2011). O diretor Aderbal Freire-Filho mudou a minha vida quando me convidou para traduzir junto com ele a peça *Na selva das cidades*, de Bertolt Brecht, para a montagem que realizou em 2011. Além de colaborar comigo como tradutor, ele teve a ideia de me escalar como ator da peça, no papel do próprio Brecht. Assim eu comecei a fazer teatro: a escrever peças de teatro e a escrever sobre teatro. No mesmo ano de 2011, ele lançou o monólogo *Depois do filme*, no qual figura como dramaturgo, diretor e também como ator. Esta análise de *Depois do filme* foi a primeira crítica teatral que escrevi na vida e pode ser lida como um agradecimento ao meu mestre, sem o qual eu jamais teria me aproximado do teatro.

prática da existência (afinal de contas, o programa foi escrito) que estrutura o percurso existencial do protagonista Ulisses, cuja odisseia é menos a de seu xará grego do que a de um antecessor tão carioca quanto ele, o defunto autor Brás Cubas.

Depois do filme: resposta a Paul Lafargue

> Sadio de corpo e de espírito, eu me mato antes que a impiedosa velhice, que me arrebata um a um os prazeres e as alegrias da existência e me despoja de minhas forças físicas e intelectuais, paralise minha energia e enfraqueça minha vontade e faça de mim uma carga para mim e para os outros. Há muitos anos eu me prometi não ultrapassar os 70 anos; eu determinei ainda a época do ano para a minha partida da vida e preparei o modo de execução da minha resolução: uma injeção hipodérmica de ácido cianídrico.

Essa passagem, que já seria inquietante mesmo que tivesse sido escrita por um personagem de ficção, ganha ares de pregação moral quando descobrimos que foi extraída do "testamento de Paul Lafargue, autor de *O direito à preguiça*, que se suicidou aos 69 anos, junto com sua esposa Laura, filha de Karl Marx".

Aderbal Freire-Filho completou 70 anos em maio de 2011, mês em que estreou sua peça. Esse dado biográfico, por si só, seria suficiente para pensar *Depois do filme* como uma resposta a Paul Lafargue. Se Aderbal e Lafargue têm em comum o fato de jamais terem se dado o direito à preguiça, o que para este representou a inexorabilidade do suicídio, para aquele marcou uma nova fase produtiva e a assunção de um novo risco: ser ator em um monólogo. Não, isso seria ainda pouco. *Depois do filme*, explica Aderbal no programa do espetáculo, "não é um monólogo, podia ser uma superprodução, uma peça de grande elenco. Como quase abandonei o ofício de ator e tenho passado a vida ensaiando do 'lado de fora', decidi me vingar logo fazendo o papel de muitos".

Aos 70 anos, diz Aderbal ao amigo Lafargue, a hora é de vestir as fantasias, colocar as máscaras e se divertir com a sabedoria de que todas elas, até mesmo a de velho, são transitórias. A hora, mais do que nunca, é de nadar de fora para dentro do palco, e não de dentro para fora!

Mas Aderbal não é Ulisses. A confusão entre autor/ator e personagem deve ser evitada, ainda que qualquer purismo nessa questão, sobretudo depois de Brecht, soe sempre pueril. Nem identificação plena entre ator e personagem, base para um ilusionismo alienante, nem distanciamento absoluto, pai do cinismo e mãe do esvaziamento dramático contemporâneos. Uma mistura, imprecisa e delicada, de ambos. Mais que mistura. Oscilação. Entre um polo e outro. Entre.

E é oscilando, literalmente tremendo, que Ulisses entra em cena, em seu carro "todo fodido", pensando em suicídio em pleno vão central da ponte Rio-Niterói. Sim, se o tema lafarguiano do suicídio não é central para o autor-ator-diretor Aderbal, sem dúvida o é para seu personagem, que comunica a todos com quem se encontra ao longo da peça a vontade de acabar com a própria vida. Sua fragilidade é ressaltada desde suas primeiras palavras, amplificadas pelo equilíbrio precário com que o ator tem de atravessar a instável ponte de cadeiras que lhe serve de cenário.

Tal composição cênica, calcada no despojamento de figurinos (de Kika Lopes) e cenários (de Fernando Mello da Costa) e no trabalho de corpo mais instintivo do que olimpicamente treinado de um ator bissexto, deixa claro que a odisseia deste Ulisses não tem a ver com a força dos músculos de aço, nem tampouco com essa outra força homérica que é a da inteligência ou a da técnica infalível. Tem muito mais a ver com uma força, "interior-exterior", como ela é definida em certa altura do espetáculo e que descreve à perfeição o trabalho do ator, que só transparece quando alguém se permite levar a fragilidade ao limite, quando alguém se permite realmente uma autoexposição — e não teme a queda (no ridículo). Para ser o homem que estava lá, e não aquele homem em preto e branco do filme dos Coen que se parece com tantos atores do teatro contemporâneo, para ser o homem que verdadeiramente estava lá, no lugar onde brota o desejo de viver mil vidas — por que nos contentaríamos com menos do que tudo? —, é preciso ser um colosso de fragilidade.

A cena inicial, a da travessia da ponte Rio-Niterói, torna-se épica por isso: dali em diante, todo o equilíbrio vai ser delicado. Quando o equilíbrio deixa de ser uma questão, e alguém se sente "seguro", é porque já se tornou pedra. Isso é justo o que o suicida Lafargue não foi capaz de entender. O enrijecimento lembra a face da morte. Seu contraponto: os gestos, os rostos, os timbres do ator que se deixa atravessar por um movimento imprevisível e incontrolável. O ator: alguém que se esforça todo para registrar a coincidência, sempre milagrosa, entre a ideia e o afeto. Milagrosa e passageira, como o descanso de Sísifo, esse ancestral de Ulisses. Mas a própria luta em direção aos cimos já é suficiente para preencher um coração humano.

Cinema falado

Ainda uma vez, voltemos ao "inútil" programa de *Depois do filme*: "Ulisses, saído dos mares do filme *Juventude*, de Domingos Oliveira, está de volta a sua ilha, mas nem seu cachorro o reconhece. Pensa que é Burt Lancaster, de *Enigma de uma vida*, e tenta nadar (*The swimmer*), enquanto seus sonhos naufragam. Tem muitos sonhos e pouco tempo."

Roberto Rossellini costumava dizer que, no dia em que não tivesse mais dinheiro para realizar os seus filmes, passaria a escrevê-los. Domingos Oliveira, que escreveu e dirigiu *Juventude*, o filme em que o Ulisses de Aderbal aparece pela primeira vez, obliquamente imita o exemplo do mestre italiano, escrevendo filmes tão falados que barateiam a produção a ponto de miraculosamente torná-la possível. Seria tentador construir uma analogia entre o modo como Domingos viabiliza o seu cinema aproximando-o do teatro — mesmo que não negligenciemos o fato de que suas técnicas de enquadramento e montagem são genuinamente cinematográficas — e o modo como Aderbal vitaliza o seu teatro aproximando-o do cinema, mas por ora me concentrarei apenas no conceito de "cinema falado" como aparece em *Depois do filme*.

Em sua peça, Aderbal imita e subverte o procedimento teatral contemporâneo de dizer não apenas as falas dos personagens, mas também as rubricas sempre um tanto literárias — "um romance", segundo definição do próprio Aderbal, "nada mais é do que uma peça teatral em que há mais rubricas do que diálogos" — com que alguns dramaturgos pretendem roubar o seu quinhão do trabalho do diretor. Mas ele transfigura as rubricas teatrais em cabeçalhos de um roteiro cinematográfico: "Cena 1. Exterior. Noite. Ponte Rio-Niterói."

Essa transfiguração do lugar-comum, no entanto, não deve ser lida como mero procedimento formal. Supondo que a beleza do teatro está em fazer com que cada apresentação seja, para o ator, única e inimitável, a beleza do cinema está em fazer com que cada espectador possa experimentar alegria análoga à do ator. Ainda que todas as cópias de um filme sejam idênticas, cada projeção será sempre única para seus espectadores. O crítico, que será o "espectador ideal" na medida em que for capaz de assumir a coautoria daquilo que critica, é também, como o ator e o músico, um intérprete. Por isso, o crítico precisa deixar-se guiar pelo exemplo do ator, cuja arte de interpretação pressupõe uma familiaridade com o texto (da peça) que nenhum crítico jamais há de alcançar. Afinal, na prática de um ofício, a crítica, que exige a interpretação de um número infinitamente maior de peças do que aquelas em que um ator poderia trabalhar no mesmo espaço de tempo — interpretar, para o crítico, significa desmontar e remontar um espetáculo nessa outra forma de poesia que é a prosa crítica —, quem é que pode concorrer com o ator, que tem o privilégio inigualável de montar o mesmo espetáculo quase diariamente ao longo de no mínimo seis meses (aí somados ensaios e temporada)?

Seguindo a lógica dessa comparação, todo diretor teatral encontra-se a meio caminho entre o crítico e o ator, entre a interpretação filosófico-literária de uma peça e a sua materialização gestual. Nesse sentido, é possível compreender ainda sob outro prisma a vingança de Aderbal: nadar de fora para dentro do palco é, para ele, não apenas fazer a travessia entre o diretor e o ator, mas também aquela entre o crítico e o ator. Se *Depois do filme* começa com Ulisses no meio da ponte, e não em algum de seus extremos, Rio ou Niterói, é porque Aderbal quer deixar claro que essa travessia nunca é completa. Com ou sem pedras, estamos sempre no meio do caminho.

O modo como, nesse trabalho, Aderbal está a meio caminho entre o crítico/diretor e o ator é absolutamente singular. Se toda história deixa marcas mais ou menos conscientes em quem a viveu (sendo esse talvez o tema central do filme *Juventude*, de Domingos Oliveira) — que percepção distante da realidade é esta nossa percepção cotidiana de que o passado passa! —, a história de Aderbal como diretor/crítico amplifica radicalmente a autorreflexividade inerente ao seu espetáculo. Se é possível sonhar um ator apenas instintivo, o sonho torna-se pesadelo quando imaginamos um diretor tiranicamente movido apenas por suas "intuições".

Em *Depois do filme*, espetáculo de um diretor mais iluminista do que iluminado, capaz de justificar argumentativamente cada uma de suas opções, a autorreflexividade característica de toda obra de arte digna desse nome ganha corpo como um entrelaçamento entre a forma teatral-cinematográfica e o teor filosófico-existencial.

Do ponto de vista estritamente formal, o "cinema-falado" de Aderbal lhe permite potencializar teatralmente o uso de suas rubricas — é reconfortante ver uma peça que nos faz enxergar *travellings*, panorâmicas e *close-ups*, a princípio inexistentes na linguagem teatral, valendo-se apenas de luz, cenário e atuação, sem apelar para o clichê contemporâneo daquelas projeções do material filmado pelos próprios atores em cena — e assim ampliar o alcance das experiências iniciadas em seus romances-em-cena. Tanto no "cinema falado" quanto nos "romances-em-cena", Aderbal flerta com a alquimia, buscando o equilíbrio entre drama e narração, identificação e distanciamento, fruição e crítica. Esse equilíbrio é a pedra filosofal do teatro contemporâneo.

Já do ponto de vista existencial-filosófico, a ideia de "cinema falado" permite que Aderbal refute Paul Lafargue por um caminho distinto do que discuti na primeira parte deste texto. Se Lafargue se matou por não suportar que a existência humana seja marcada por envelhecimento e morte, isto é, pela transitoriedade, Aderbal propõe que o cinema nos eterniza. Mesmo quando os velhos cinemas, como o Cine Vitoria que Ulisses revisita em dado momento do espetáculo, não existem mais, os filmes bons continuam a passar numa sala de cinema eterna, encantada, que só obtusos homens da lei não são capazes de enxergar. Que o teatro possa ser esse cinema, muito mais do que os cinemas propriamente ditos, inteiramente submetidos ao império da mercadoria, eis a aposta aderbaldiana — o próprio nome do teatro em que montou o seu espetáculo, "Poeira", uma antiga designação para salas de cinema que não existem mais, corrobora essa afirmação.

De Ulisses a Brás Cubas

Ulisses, perto dos 70 anos, passa a peça inteira dizendo que vai se matar, e apresentando àqueles com que se encontra as razões para o suicídio: razões que, jocosamente ou não, ao estilo de Paul Lafargue, têm a pretensão filosófica de serem universais.

Dentre essas razões, a mais repetida diz respeito à falta de tempo para viver todas as vidas que poderia viver, ao excesso de possibilidades existenciais irrealizadas (e irrealizáveis). A certa altura da peça, em conversa com a boliviana vendedora de pulseiras, Ulisses lhe diz:

> Quero me matar para me livrar da agonia de querer fazer o que não fiz e agora não dá mais tempo, pela falta de tempo. Os velhos querem tanto como os jovens aprender música, tocar, namorar mulheres de peitos bonitos, ganhar dinheiro, viajar, estudar filosofia, nadar bem, beber todos os vinhos, e sobretudo ter projetos, muitos projetos. Para umas coisas eles não têm mais condições físicas, para outras não dá mais tempo. É terrível.

Mais adiante, em conversa com a moça dos peitos bonitos, ele prossegue: "Já não aguento mais ficar esperando, não consigo fazer mais nada com medo de morrer, de começar e não dar tempo de terminar, é paralisante. Então quero acabar logo, pá, fim."

Essa cantilena melancólica, entoada ao longo de toda a peça, guarda uma relação subterrânea com a "teoria das coincidências" defendida por Ulisses num banco da praça Nossa Senhora da Paz. Segundo ele diz a algumas crianças e babás desavisadas,

> tudo é coincidência. O mundo não é formado da condensação de água, como queria Tales de Mileto, o mundo é formado da condensação de coincidências. Anaximandro, que também era de Mileto, discordava de Tales e dizia que tudo não era água, mas que tudo era o Ilimitado. Ouviu o galo cantar sem saber onde. O Ilimitado é o caldeirão onde as bruxas mexem as coincidências. Eu anoto as coincidências que vejo. É um método igual ao dos gregos, da contemplação. Já tenho mais de duas mil coincidências anotadas e ainda não consegui dar com os elos, as engrenagens, os mecanismos, nem acho que vou ter tempo.

Seu suicídio teria duas razões complementares: a impossibilidade de terminar o que quer que seja — alguém já disse que a vida é um poema épico: já sempre chegamos no meio da história e saímos antes de sua conclusão — e a impossibilidade de encontrar o "Grande Mecanismo" que rege a nossa história. Diante dessas duas impossibilidades, que não foram superadas nem mesmo pela visita ao eminente doutor Mira y Lopez, Ulisses se revolta: "Por que a vida é assim? Por que não tão é clara e infinita como deveria ser?"

Essa contraposição entre o ser e o dever ser, a realidade e o ideal, a descoberta do absurdo (como descoberta da finitude biológica e do inacabamento constitutivo de todos os projetos humanos) e um anseio desmedido pela ordem que justificaria todas as ações humanas é o que dilacera Ulisses. Neste ponto, Aderbal aperfeiçoou o texto do filme de Domingos, que deu um desnecessário fundamento (melo)dramático à questão quando introduziu o tema da doença da filha. Em *Depois do filme*, Paloma, a filha de Ulisses, está curada, mas sua felicidade "sem Sartre" não é menos doente — ao menos sob a ótica do pai — que sua anterior infelicidade. Ambas são ontológica e não apenas circunstancialmente absurdas. Se a infelicidade (a morte) é sempre imerecida, a felicidade (a vida) também o é. Esta é a coincidência que Ulisses não pode suportar.

Diante de uma descoberta semelhante, realizada diante do leito de morte da própria mãe, roída pelo câncer, a mais terrível das doenças na medida em que atua como a personificação mesma do absurdo, Brás Cubas, um antecessor da revolta de Ulisses, queda-se com a consciência boquiaberta: "Quê? Uma criatura tão dócil, tão meiga, tão santa, que nunca jamais fizera verter uma lágrima de desgosto, mãe carinhosa, esposa imaculada, era força que morresse assim trateada, mordida pelo dente tenaz de uma doença sem misericórdia? Confesso que tudo aquilo me pareceu obscuro, incongruente, insano..." Face à insanidade da vida, Brás Cubas posiciona-se: se a Natureza, nossa mãe, é também nossa inimiga, e só nos dá a vida apenas para poder nos dar a morte, não sendo (unívoca) como deveria ser, então me recuso a compactuar com ela. Se toda realização tende à irremediável corrosão pelo tempo, o único antídoto é não realizar nada — ou matar-se.

O apego a essa paralisante resposta é o que nos permite compreender a sua "tez cadavérica" ao longo de todo o romance, em que ele narra o seu suicídio vivido. Como "defunto autor" de sua existência, a partir da descoberta do absurdo Brás viveu paralisado como um morto. Um defunto cujo único prazer era escarnecer da azáfama sem sentido dos vivos. Assim compreende-se o fecho de ouro de seu romance: depois de se comprazer em descrever tudo o que não fez e não foi, Brás ainda se gaba por ter saído da vida com um pequeno saldo, o de não ter tido filhos, não haver transmitido a nenhuma criatura o legado de nossa miséria. Mas o narrador Brás Cubas termina o seu romance sem perceber algo que decerto não escapou ao autor Machado de Assis e a seus futuros leitores: se ter filhos não é de forma alguma o único modo de transmitir a outra(s) criatura(s) o legado de nossa miséria, Brás Cubas acabou por agir contra as suas intenções declaradas ao redigir as suas memórias póstumas. Na prática, o seu livro é o seu legado. Contra todas as mais razoáveis razões, a vida, absurdamente, ainda uma vez triunfou. Negá-la artisticamente é uma das formas mais elevadas de, ao fim e ao cabo, afirmá-la.

O que vale para Brás Cubas vale ainda mais radicalmente para o Ulisses de Aderbal. Se toda a sua odisseia ao longo da peça visa ao suicídio e à sua fundamentação filosófica, seu fracasso é o seu maior sucesso. O tratado sobre a inexorabilidade lafargueana do suicídio que é o sumo da narrativa de Ulisses é subvertido no ato mesmo de encená-la, em que a alegria do ator Aderbal por viver mil vidas — e que se dane que sejam absurdas como a de uma mulher que briga com o marido errado! —

deixa para trás a melancolia de um personagem que professa uma filosofia mais do que duvidosa. Por isso, quando, ao cabo de suas peripécias, Ulisses joga com valentia o seu carro todo fodido contra uma árvore e com Valentín escapa ileso da morte certa, já não resta mais nada a dizer.

E o resto seria mesmo silêncio, se não fôssemos ainda brindados com uma última imagem épica do mar, projetada no telão do teatro. Do mar com todo o seu som e a sua fúria, mas também com toda a sua calma e a sua beleza caymmianas. Se, como queria Tales de Mileto, "tudo é água", e, como queria seu discípulo Anaximandro, os limites de cada vida só se tornam visíveis sob o pano de fundo deste Ilimitado que é a Vida com V maiúsculo, que naturalmente não exclui a morte, o mar, velha metáfora para a dialética de vida e morte, eternidade e tempo, fala a língua de um outro grego da época áurea. Em um bilhete deixado para Ulisses, com uma antecedência talvez excessiva, Heráclito escreveu: "Aos homens, nem sempre é melhor suceder tudo o que desejam."

Why the horse? (Por que somos tão cavalos?) — para Maria Alice Vergueiro e Luciano Chirolli[1]

> A morte (ou sua alusão) torna os homens preciosos e patéticos. Estes comovem por sua condição de fantasmas; cada ato que executam pode ser o último; não há rosto que não esteja por dissolver-se como o rosto de um sonho. Tudo, entre os mortais, tem o calor do irrecuperável e do aleatório.
>
> Jorge Luis Borges

Em uma crônica publicada em 2008, Luis Fernando Verissimo propõe um exercício espiritual que, mais ou menos inconscientemente, todos já realizamos alguma vez:

> No filme *La chinoise*, de Jean-Luc Godard, um personagem se vê diante de um quadro-negro em que estão escritos os nomes de todos os principais escritores, compositores, pensadores e artistas da História — e começa a apagá-los, nome por nome, até sobrar um só. Está fazendo uma espécie de purgação intelectual.

---

[1]. Texto publicado originalmente no dia 24 de dezembro de 2015 na revista *Questão de Crítica*, como agradecimento a tudo que Maria Alice Vergueiro e Luciano Chirolli, meu parceiro na montagem da *Oréstia* dirigida em 2012 por Malu Galli e Bel Garcia, em que trabalhei como dramaturgo, fizeram pelo teatro brasileiro. Na apresentação de *Dramaturgias da crítica*, meu último livro, que faz par com este, explico em maior detalhe por que "a crítica é uma forma de agradecimento" (Cf. Pessoa, Patrick. *Dramaturgias da crítica*. Rio de Janeiro: Cobogó, 2021, p. 15).

Experimente fazer o mesmo. Encha um quadro-negro com todos os nomes que lhe ocorrerem, sem nenhum tipo de ordem. Uma sequência pode ser, por exemplo, "Heródoto, Nietzsche, São Tomás de Aquino e Charlie Parker", outra "Villa-Lobos, Strindberg, Marquês de Sade, Platão e Frida Kahlo". Quando não sobrar espaço no quadro-negro nem para um nome curto ("Meu Deus, esqueci o Rilke!"), comece a apagar. Nome por nome. O importante é não racionalizar. Não estabelecer critério ou hierarquia. Deixar o apagador fazer seu trabalho sem interferência da sua consciência ou da sua emoção. Apenas ir apagando. Você pode descobrir coisas surpreendentes a seu próprio respeito. Nomes que, até aquele momento, faziam parte da sua galeria de veneráveis se revelarão apagáveis, outros serão poupados até quase o fim. E no fim, o nome que sobrar, o único nome que você não apagar, poderá ser a maior revelação de todas. Não será, necessariamente, o nome de quem você considera o mais importante, influente, valioso ou simpático da história das ideias ou das artes. Será apenas o nome que, por alguma razão, você não conseguiu apagar. Depois você só precisará se explicar para você mesmo. No filme do Godard, o único nome que ficava no quadro-negro era o de Brecht.[2]

O filme *A chinesa* foi lançado na França em 30 de agosto de 1967 e, segundo diversos críticos, teria antecipado profeticamente alguns dos acontecimentos de maio de 1968. Seu

---

2. Verissimo, L. F. *O Globo*, 29 jun. 2008.

tulo, "*un film en train de se faire*" [um filme em vias de se fazer], remete a uma das principais exigências do teatro brechtiano: a exigência de a encenação enfatizar o que há de fingimento, de artificial e artificioso na conduta teatral, assim mostrando os bastidores da ação e ensinando que também as condutas da vida têm algo de representação — e, portanto, que também fora do teatro os papéis e a peça poderiam ser outros.[3] Um dos atores do filme, Jean-Pierre Léaud, espécie de alter ego de François Truffaut, alçado ao estrelato com apenas doze anos por seu papel em *Os incompreendidos*, permanece como o paradigma cinematográfico do "ator brechtiano". Por manter sempre uma distância irônica com relação aos papéis que assume, a artificialidade de seus gestos e de sua entonação salta à vista, obrigando o espectador a desconfiar do que vê, a manter com relação ao filme a mesma distância crítica que Léaud mantém com relação aos personagens que representa, ou melhor, apresenta. Além disso, no filme de Godard, as constantes citações de obras literárias e filosóficas, lidas em voz alta pelos atores, a inserção de imagens documentais, fotografias, histórias em quadrinhos e letreiros, que continuamente interrompem a progressão linear do enredo, devem muito às conquistas cênicas de Brecht. Finalmente, coroando a inventividade da montagem e o tom parodístico da encenação, o uso da banda sonora é francamente épico, na medida em que, destoando da ação, funciona como seu comentário, chamando a atenção para os nexos entre o que ocorre

---

3. Cf. Schwarz, Roberto. "Altos e baixos da atualidade de Brecht". In: *Sequências brasileiras*. São Paulo: Companhia das Letras, 1999.

no "aparelho" daqueles jovens revolucionários e o mundo para além daquelas quatro paredes. Compreende-se, portanto, por que o nome de Brecht foi o único que não pôde ser apagado por Léaud: apagá-lo implicaria encobrir o princípio articulador da obra, traindo a autorreferencialidade (e a autorreflexividade) a que a arte de nosso tempo está condenada.

Ao entrar no teatro para ver *Why the horse?*, *happening* dirigido e protagonizado por Maria Alice Vergueiro, foi inevitável me lembrar do quadro-negro de Godard. O fundo e as laterais do palco estavam tomados por gavetas de cemitério de tamanhos variados, cada uma trazendo um grande nome da história das artes e do pensamento. Naturalmente, a primeira pergunta que me fiz foi inspirada pela crônica de Verissimo: de todos esses nomes tão familiares (Ésquilo, Sófocles, Eurípides, Platão, Aristóteles, Shakespeare, Corneille, Racine, Goethe, Schiller, Strindberg, Brecht, Beckett e muitos outros), qual não seria apagado pela encenação? Ou melhor: qual reviveria com mais força no espetáculo que estava prestes a se iniciar?

Com a entrada em cena de Maria Alice e de seu parceiro de tantos anos, Luciano Chirolli, já um primeiro caminho de resposta se descortinou. Ignorando a quarta parede e cumprimentando diretamente o público — aliás, disposto não apenas na plateia, mas também nas laterais do palco, assim convertido em uma semiarena —, Maria Alice, não sem uma boa dose de ironia (ou alegria), afirma: "Bem-vindos ao meu velório."

Essa frase tão breve funciona em cena como uma sucinta "carta de intenções". Como é comum no assim chamado "teatro contemporâneo", quando nunca sabemos exatamente o que vamos ver ao entrarmos em uma sala de espetáculos, quando a hibridização das mais diversas linguagens há muito sepultou a expectativa convencional de ver um texto bem (ou mal) montado, me dei conta de que a experiência que seria proposta teria pouco a ver com uma peça de teatro. Até porque a presença em cena de Maria Alice, com seus 80 anos muito bem vividos, agora dependente de uma cadeira de rodas ou do amparo de seus companheiros para movimentar-se, dava uma estranha materialidade a esta proposta: ensaiar a própria morte. Se é verdade que todos nascemos para morrer, não menos verdadeira é a constatação de que para alguns a questão da finitude tem uma concretude que ultrapassa os limites de qualquer especulação abstrata e, com isso, da possibilidade de "representação". Viver em cena o próprio fim nem sempre é tão somente uma metáfora.

A situação-limite que serve de fio condutor para o espetáculo foi bastante bem resumida pela própria Maria Alice em seu texto do programa, que esclarece a origem dos elementos heterogêneos justapostos pela montagem:

> Como lidar com Ela, antes que ela chegue? "Não tenho medo da morte, mas sim medo de morrer", disse Gil. E se eu não quisesse ser pega de surpresa, era melhor ensaiá-la. Que elementos do meu percurso poderiam me ajudar? Jodorowsky, cuja confluência artística se iniciou com a montagem de *As três velhas*, já estava presente e atuante, com seu realismo onírico e um convite a um mergulho na própria genealogia — os vivos e os mortos que me acompanham. De Jodô a Arrabal, seu

antigo parceiro de trabalho, foi natural; e logo voltei a Beckett, inicialmente com seu *Fim de jogo*, mas também *Malone morre*. Em seguida, a alumbrada Hilda Hilst, conversando amorosamente com Ela em suas *Da morte, Odes mínimas*. E não demorou para que também Brecht e Lorca se reaproximassem, como não poderia deixar de ser. Aos poucos me vi amparada por essa extraordinária família teatral que faz parte de minha história. Ao lado deles, dispostos a assumir comigo esse risco cênico, meus companheiros [do Grupo Pândega]...

Nesse "fragmento autobiográfico", encontra-se a necessária correção à questão inicial que o cenário me havia inspirado: por mais que a presença de Brecht seja decisiva não apenas na carreira de Maria Alice como no próprio espetáculo *Why the horse?*, seria uma violência imperdoável a tentativa de reduzir uma experiência cênica tão singular a uma inspiração, a um sentido, a um procedimento, a um nome, a um "mestre" apenas. Por mais que em *Why the horse?* seja construída uma relação palco-plateia de fundo brechtiano; por mais que o enredo se construa como uma sucessão de *tableaux* relativamente autônomos; por mais que os atores, fiéis à lição de Brecht, jamais se confundam empaticamente com os personagens que apresentam; por mais que os espectadores tenham a possibilidade de ver os atores entrando e saindo dos personagens; por mais que haja comentários e interpolações que dão outras camadas à cena; por mais que seja feita uma utilização francamente épica ou cabaretística das canções (o texto da peça é largamente composto pelas letras das canções apresentadas);

por mais que canções do próprio Brecht e de seus parceiros Weil e Eisler compareçam em número maior (são cantadas ou recitadas em cena "Ó delicia de começar"; "Sobre o suicídio"; "Canção da moça afogada"); por mais que uma fotografia de Maria Alice e intervenções em vídeo da própria interrompam a progressão do enredo, procedimento de Piscator que Brecht aperfeiçoou; e, finalmente, por mais que as últimas palavras de Maria Alice em cena sejam extraídas do irônico "Epitáfio" de Brecht ("Escapei aos tivolis, nutri os percevejos, fui devorada pela mediocridade"), ainda assim Brecht é só mais um nome na parede, entre incontáveis outros, que formam o intrincado tecido dessa vida que se olha ainda uma vez no espelho diante da iminência do fim.

Se Rimbaud dizia que "eu é um outro", nesse caso talvez fosse mais acertado dizer, com Maria Alice, que "eu é outros, muitos outros". Sempre. Ou, na bela formulação de Borges: "Quando o fim se aproxima, já não restam imagens da lembrança; só restam palavras. Não é estranho que o tempo uma vez tenha confundido aquelas que alguma vez me representaram com aquelas que foram o símbolo da sorte de quem me acompanhou por tantos séculos. Eu fui Homero; em breve, serei Ninguém, como Ulisses; em breve, serei todos: estarei morto."[4]

Sob essa ótica, o sugestivo título do espetáculo talvez pudesse receber a seguinte tradução livre: "Por que somos tão cavalos?" *Why the horse?* nos mostra que o ser cavalo (de santo),

---

4. Borges, Jorge Luis. "O imortal". In: *O Aleph*. São Paulo: Editora Globo, 1997, p. 24.

o ser endemoniado (tomado por um *daímon*), o ser entusiasmado (tomado por um deus de face sempre mutante) é talvez a marca maior desta nossa condição: algo na fronteira entre o mortal e o imortal, entre a vida individual que inevitavelmente se apaga e os rastros que, inapagáveis, sobreviverão sempre nos outros. Não é à toa, aliás, que uma das imagens mais potentes do espetáculo seja a da "velha grávida", ou que o trecho de Beckett projetado em vídeo na boca e na voz de Maria Alice seja extraído justamente da peça *Not I*...

O ritual

Essa compreensão do espetáculo, cujo princípio formal me pareceu predominantemente brechtiano, mas cujo teor aponta para a dialética entre o nome (a vida individual) que se apaga e o inominável (o dionisíaco!) que vive sempre para além de toda identidade individual, de todo limite definido, de toda propriedade privada, me foi dada não apenas pelo texto que Maria Alice escreveu para o programa ou pelo roteiro escrito que me foi gentilmente cedido por Fabio Furtado, que assina a dramaturgia de *Why the horse?*, mas por um acontecimento fortuito, um "acidente" ocorrido no dia em que assisti ao trabalho. Para chegar à descrição desse acontecimento, vale antes uma breve descrição de seu contexto.

Depois que Maria Alice entra em cena e recebe calorosamente a plateia de seu velório, permitindo-se a realização desse desejo arquetípico que é ver de fora a própria morte e o modo como é experimentada pelos outros, são estabelecidos dois fios narrativos, dois princípios que tornam possível a articulação das ações ou performances relativamente autônomas que se seguirão.

Um desses fios já foi evocado: trata-se da presentificação de alguns dos momentos luminosos da vida de Maria Alice, dos fragmentos teatrais, poemas e canções que a constituíram, das influências que respondem pela conformação de seu (não) eu. Em montagem antes alegórica do que simbólica, antes inorgânica que orgânica, convivem em cena Brecht (as canções e poemas já referidos) e Beckett (fragmentos de *Fim de partida* e *Não eu*), Gardel ("El dia que me quieras") e Hilda Hilst (*Odes mínimas*, "XVIII"), Fernando Pessoa ("Tabacaria") e Gilberto Gil ("Não tenho medo da morte"), além de Arrabal e de uma série de atos mágicos inspirados por Jodorowsky.

O outro fio narrativo tem a ver com o próprio experimento cênico que é proposto: o ensaio da própria morte condensado na situação-velório. As ações realizadas pelos outros artistas em cena (os atores Luciano "Lucci" Chirolli, Carolina Splendore, Alexandre Magno e Robson Catalunha, além do músico Otávio Ortega) podem ser lidas como tentativas de elaborar o luto pela perda de Maria Alice, tentativas de elaboração que implicam necessariamente uma reflexão sobre a própria finitude, ensaios da própria morte através da morte do outro. Se Gil, cuja música é cantada no espetáculo, dizia que "Não tenho medo da morte/ Mas sim medo de morrer", aqui esse medo é exorcizado por uma série de mortes vividas, de pequenas performances que são como que as últimas flores depostas aos pés da amada morta.

Muitas dessas breves performances constroem imagens poderosas e, no caso de Luciano Chirolli, eu diria que chegam mesmo a configurar algo como uma trajetória. De início, Lucci corre como quem vai se atirar do abismo (do proscênio), mas é impedido por Robson Catalunha. Apesar da dor, a vida tem que continuar. Diante do fim de sua grande parceira de cena e de vida, Lucci não tem outra escapatória senão "aprender a morrer". Para tanto, no quadro subsequente, após ser coberto de cal, ele é derrubado inúmeras vezes por Alexandre Magno, que vem correndo e voa contra o seu peito, não permitindo que ele se mantenha de pé, em uma coreografia de grande impacto visual que configura um "aprendizado de cair, uma clara metáfora física da morte (e das várias mortes em vida)", como consta no roteiro de Fabio Furtado. Quando Lucci parece ter aprendido essa lição, o prêmio: uma última valsa com Maria Alice, que se levanta da cadeira de rodas amparada por ele e docemente se deixa conduzir ao som de "El dia que me quieras". Posteriormente no espetáculo, ele lhe dará um longo beijo na boca. Finalmente, com ela já deposta no "caixão", Lucci virá à boca de cena e tentará comunicar ao público a sua dor, mas, ainda que se esforce por falar, ele não é capaz de articular nenhum som. A queda, a valsa, o beijo, a dor, o silêncio: imagens para a eternidade, imagens da eternidade.

Carolina Splendore, a seu tempo, presta homenagem distinta: coberta por um manto, aninha-se sobre a barriga de Maria Alice, que, sentada em sua cadeira de rodas, dá à luz: Carolina aparece então como a filha parida pela "velha grávida". Maria Alice comenta jocosamente: "Isso é uma metáfora."

A imagem e sua legenda apontam para o cerne da sabedoria trágica transmitida pelo espetáculo: as vidas individuais e mesmo os nomes se dissolvem, mas, ao retornarem ao Uno Primordial de que falava Nietzsche no *Nascimento da tragédia*, convertem-se na força motriz que propiciará outros futuros nascimentos. A morte como outro nome possível para a vida, a dissolução dionisíaca como condição de possibilidade para a eclosão da beleza apolínea, para a criação de formas sempre novas. No caso de uma artista tão emblemática quanto Maria Alice, essa sabedoria ganha contornos mais concretos: é de se esperar que a marca por ela deixada nos palcos se torne o útero de onde brotarão — de onde já brotaram! — diversas novas atrizes, que repetirão o seu gesto e continuarão a sua obra.

Outras performances se sucedem, outras imagens se constroem, todas obedecendo a essa mesma necessidade: ensaiar a morte, elaborar o luto, celebrar a vida. Até que, no dia em que assisti ao espetáculo, se deu o "acidente" que para mim revelou da forma mais sintética o sumo da experiência propiciada por *Why the horse?*. No roteiro de Fabio Furtado, trata-se da "cena da tumbinha", assim descrita:

> *Cena da Tumbinha, quebra cômica. Cantando trechos de "Menino Passarinho" para Maria Alice* (Quando estou nos braços teus/ Sinto o mundo bocejar./ Quando estás nos braços meus / Sinto a vida descansar/ No calor do teu carinho// Sou menino passarinho/ Com vontade de voar/ Sou menino passarinho/ Com vontade de voar)
>
> LUCCI [*traz e abre um pequeno móvel-baú e diz*]: Entra.

MARIA: Mas eu não caibo aí...

LUCCI: Mas o marketing não foi esse, de morrer em cena? Agora entra. Foi o que a gente conseguiu.

MARIA: Mas eu não caibo aí, Lucci, que bobagem.

LUCCI: Depois de morta, cabe sim. É bom ir se acostumando. É do tamanho de uma tumba, uma tumbinha. A gente reaproveitou das *Três velhas* porque não tinha dinheiro para fazer uma de mármore. Quer ver? Eu vou primeiro.

[*Lucci, enorme, tenta entrar no pequeno baú. Breve desenvolvimento cômico. Lucci entala. Alexandre o ajuda a sair, tenta ele também entrar. Alexandre retira a tumbinha para o fundo do palco*][5]

No dia em que assisti a essa cena, que torna visível uma intimidade risonha com a morte — como se sabe, Brecht era totalmente avesso à tragédia e o fato de que *Why the horse?* não apresente a morte de forma lacrimosa é mais uma possível reverberação da obra do dramaturgo alemão —, Lucci entrou na "tumbinha" e, como previsto no roteiro, entalou. Só que, em vez de finalmente conseguir desentalar-se com a ajuda de Alexandre, a pulsação de seu corpo ali dentro fez com que o pequeno túmulo se partisse. Materializou-se, portanto, a admoestação de Maria Alice: "Eu não caibo aí. Eu não caibo em túmulo nenhum." O que, ao fim da cena, Alexandre levou para o fundo do palco não foi uma tumbinha intacta, mas um túmulo partido.

---

5. Furtado, F. "Células de repertório (ou cenas) do espetáculo *Why the horse?*". Roteiro dramatúrgico, 2015, p. 4.

A imagem do túmulo partido me lembrou Jeanne Marie Gagnebin que, em seu belo livro *Lembrar escrever esquecer*, explica: "O fato de a palavra grega *sèma* significar ao mesmo tempo túmulo e signo é um indício evidente de que todo trabalho de pesquisa simbólica e de criação de significação é também um trabalho de luto. E que as inscrições funerárias estejam entre os primeiros rastros de signos escritos confirmam-nos, igualmente, o quão inseparáveis são memória, escrita e morte."[6] Se o cenário da peça, como interpretado na primeira parte deste texto, aponta para a necessidade de escrever os nomes dos mortos em seus túmulos para lembrar deles e assim combater o inescapável esquecimento, e o ritual que foi descrito na segunda parte deste texto chama a atenção para o parentesco entre o trabalho de luto e o trabalho de criação, o elemento novo trazido pela quebra do túmulo que deveria conter Maria Alice (e Lucci) é a evidência cabal de que Maria Alice não cabe em nenhum túmulo. A especificidade do trabalho dessa artista extraordinária é justamente não caber em nenhuma definição, em nenhum rótulo, não se deixar reduzir a nenhum conceito, podendo sempre significar inúmeras coisas, dependendo da relação que cada espectador puder estabelecer com as inomináveis ações apresentadas pelo Grupo Pândega de Teatro.

Essa visão da singularidade absoluta de *Why the horse?* e, em certo sentido, da carreira de Maria Alice como um todo, materializa-se de forma absolutamente tocante ao fim do espe-

---

6. Gagnebin, J. M. *Lembrar escrever esquecer*. São Paulo: Ed. 34, 2006, p. 59.

táculo, ou performance, ou happening, ou... Depois que Lucci deixa clara a impossibilidade de comunicar a sua dor, todos os atores saem de cena, não sem antes jogar pétalas de flores sobre o corpo de Maria Alice, prestando suas últimas homenagens. Ela permanece deitada no centro do palco sobre uma cadeira convertida em caixão e coberta por um imenso véu funerário. Durante longos minutos, o público a contempla, constrangido, sem saber o que fazer. A situação-velório, mais do que representada, é literalmente presentificada. Passado o estupor inicial, alguns espectadores se levantam, se aproximam do corpo inerte, dizem alguma coisa, fazem uma reza, tocam a "morta", depõem flores. A cada um de nós é deixada a possibilidade de reagir a esse fim como quisermos. Ou pudermos. Um indispensável exercício de liberdade.

Para concluir, lembro de um texto de Deleuze em que o filósofo elogia Carmelo Bene por ter escrito um ensaio sobre Shakespeare que tinha a particularidade de ser uma peça de teatro. *Why the horse?* é um necrológio de Maria Alice Vergueiro. Um necrológio que é também uma peça de teatro, ou melhor, uma experiência cênica singular. É o ensaio de Maria Alice Vergueiro, que viveu para o palco, da própria morte. A própria morte é algo que se possa ensaiar? Sim. E, no entanto, por mais que ensaiemos, nunca estamos prontos. Como uma peça de teatro. Nesse sentido, para além do lugar-comum de que a arte imita a vida, ou de que a vida imita a arte, *Why the horse?* propõe que a arte imita a morte.

Crítica como autobiografia

A segunda vida — *An Old Monk*[1]

Ele tinha 15, 16, 17 anos. Sentia que não pertencia à sua vida, como se tivesse errado de endereço. À sua volta todos dançavam muito, falavam muito, viviam em bando, se divertiam. Contavam sempre as mesmas anedotas: do último porre, daquela viagem de ácido muito louca, dos melhores baseados, das primeiras transas (descritas com aquela falsa indiferença juvenil que queria se fazer passar por experiência). Tinham 15, 16, 17 anos e pareciam achar que aquela era a melhor época de suas vidas. Ele não. Não cabia em seu corpo, que transbordava de pelos esquisitos e espinhas dolorosas. Adolescer era um sofrimento para o qual ele ainda não havia encontrado nenhum nome. Um dia, numa festa, ficou inquieto quando uma amiga disse que estava angustiada. A palavra era bonita: an-gús-ti-a. Tinha o sabor de

---

1. Texto escrito originalmente no âmbito da ação Prática da Crítica da Mostra Internacional de Teatro de São Paulo (MIT-SP) de 2016. O desafio era escrever uma crítica de até 5 mil caracteres na noite após a estreia do espetáculo e disponibilizá-la impressa para todos os espectadores da segunda apresentação do espetáculo, no dia seguinte. A crítica, impressa frente e verso em uma folha A4, era deixada sobre cada cadeira do teatro no segundo dia de apresentação, tornando o pensamento crítico materialmente acessível a espectadores que dificilmente buscariam essas críticas no site do Festival. Essa ação inovadora foi concebida pelo coletivo Documenta cena — Plataforma de crítica, então composta composta pelo blog Satisfeita, Yolanda?, os sites Horizonte da Cena e Teatrojornal e a revista eletrônica *Questão de Crítica*, a qual posteriormente publicou em seu site a tradução em inglês deste texto, assim tornando-o acessível aos artistas envolvidos na produção. A versão em português foi publicada no site Agora\Crítica teatral.

uma fruta exótica, de uma fruta que ele jurava nunca ter comido. Foi quando leu num desses livros que só se leem aos 15, 16, 17 anos, que a vida está em outro lugar. E acreditou. Afinal, a vida, a vida de verdade, tinha que estar em *algum* lugar! Ele tremia de medo pensando que não viveria o suficiente para conhecê-la. Muitas noites, com o próprio sexo nas mãos, rogava a Deus para não morrer virgem. Por acaso, descobriu um programa de intercâmbio escolar e acabou se mudando para a Holanda, atraído pela miragem da maconha liberada. Quem sabe dali não viriam outras libertações? Mas, chegando lá, o sentimento de estrangeiridade radical só se agravou. Naquela época, Camus foi um vício. Aprendeu holandês lendo as legendas de uma novela americana, *The Bold and the Beautiful*. Aquela língua estranha, assim sem ele perceber, se gravou nele. Uma língua-mãe que se escolhe aprender às vezes é mais pregnante que a língua e que a mãe que nos foram destinadas pelo acaso.

Quando voltou do ano de intercâmbio, seu pai, tentando uma reaproximação, começou a levá-lo para os shows de jazz que frequentava compulsivamente. Aos 20, 21, 22 anos de idade, o garoto viu e ouviu músicos cujos nomes nunca conseguia lembrar, mas que seu pai sempre dizia que eram "bons pra caralho". A sensação que tinha nesses shows era esquisita. As primeiras notas já o transportavam para muito longe dali. O fato de que os músicos pareciam tocar mais para si do que para os outros era um pretexto para ele se desconectar. Em geral, ficava pensando na vida que poderia ter sido, ou na vida que ainda poderia ser, mas que... Muitas vezes, se sentia culpado por não conseguir desfrutar devidamente daquele privilégio, já que os concertos costumavam ser caros: até achava os músicos tecnicamente bons, mas parecia que alguma coisa lhe faltava, talvez um sentido mais apurado para fruir o que não cabe em palavra nenhuma, a liberdade de se entregar a um fluxo de sensações mais brutas, abstratas, resistentes a uma compreensão racional.

Aos 30, 33, 35 anos, seu corpo continuava não vestindo bem, mas ele tinha uma vida que os outros consideravam boa. Ou, pelo menos, normal. Mulher, filho, um trabalho que lhe permitia viver sem grandes preocupações financeiras. Eram tantas as obrigações a cumprir que ele só raramente se lembrava de que a vida ainda não tinha lhe dado nem um décimo do que ele esperava. Como quando era garoto, ele continuava com medo de morrer cedo demais. Pelo menos, já não era mais virgem.

Aos 40 anos fez uma viagem a São Paulo, para cobrir um festival internacional de teatro. Algumas pessoas consideravam que ele era um crítico teatral, embora aquela roupa lhe caísse como um terno alugado numa loja de segunda mão. Foi ver uma peça de um diretor belga, chamada *An Old Monk*. Como sabia que teria de publicar uma crítica em menos de 12 horas, se informou antes sobre Josse De Pauw, o autor, diretor e performer do espetáculo. Descobriu que ele não chamava seu trabalho de uma "peça de teatro", mas sim de um "concerto teatral". Começado o espetáculo, entendeu por quê.

Em cena, uma banda com piano, baixo elétrico e bateria atacou um jazz como aqueles que costumava ouvir ao lado do pai, vinte anos antes. Lembrou do velho e pensou com um sorriso de canto de boca: "Esses músicos são bons pra caralho!" Na sequência, viu um senhor corpulento, careca, com uma barba branca comprida, mistura de Xico Sá e Paulo Cesar Pereio, entrar em cena dançando, se entregando ao fluxo da música. Aquele senhor dançou por um longo tempo, até ficar realmente cansado. O procedimento era muito interessante, porque fazia do cansaço uma experiência corpórea real, para além da mera representação. Então, dialogando sempre com o ritmo da banda, que continuaria a tocar ao longo de todo o espetáculo, e tendo sempre em vista a necessidade de construir uma relação inclusiva com o seu público, Josse De Pauw começou a sua narrativa. A mágica do dispositivo, simples mas pungente, estava no fato de que, apesar de falar de experiências aparentemente autobiográficas, o performer usava a terceira pessoa, transformando a sua vida em uma ficção e assim realizando a quimera de converter a própria vida em obra de arte. (No epílogo do espetáculo, aliás, essa ideia era reforçada com a projeção de imagens do corpo nu do artista com interferências gráficas que propunham diversas outras narrativas possíveis para aquele suporte material.) Antes de compreender o fio condutor da narrativa, na qual De Pauw usava a dança como metáfora para falar das três grandes épocas de sua vida (a juventude, na qual ele dançara sem nunca cansar e o tempo parecia infinito; a maturidade, quando as obrigações o tinham levado a parar de dançar; e a velhice em que se encontrava agora, quando, depois de buscar inutilmente pelo silêncio e a solidão característicos da vida de um monge (*monk*, em inglês), ele havia finalmente, a despeito de todas as limitações físicas, recuperado o desejo de dançar e cantar como Thelonius Monk), o garoto com terno de crítico foi atravessado por uma estranha sensação de pertencimento: Josse De Pauw não apenas falava holandês, sua segunda língua materna que ele julgava ter esquecido, mas, sobretudo, ao atuar como uma espécie de repentista do cool jazz, transpunha o abismo que sempre o separara da música: a ausência de palavras. Josse De Pauw celebrara diante de seus olhos estupefatos o casamento entre o fluxo musical da vida e a narrativa necessária para transubstanciar sensações brutas em sentidos inteligíveis.

Eu saí então do teatro dançando, com a impressão de estar afinado com o ritmo da vida, me regozijando por não ser mais um estrangeiro neste mundo. Como disse De Pauw: "Nada de demasiada paz, porque ainda há tempo para uma outra vida, se preciso for. Para outra vida, e talvez uma vida melhor, também, mesmo que a anterior já tenha sido boa." Uma segunda vida, não resta dúvida, fundamentalmente dependente da possibilidade de articular narrativamente os fragmentos dispersos da nossa experiência descontínua do tempo. O que, a meu ver, é não apenas a tarefa da arte, mas sobretudo a da crítica.

Mostra-me como gozas e te direi quem és!: A pedagogia sexual de Georges Bataille e Janaina Leite — *História do olho: Um conto de fadas pornô-noir*[1]

> Cada um de nós ultrapassa um tanto em sua vida sexual, ora aqui, ora ali, os estreitos limites traçados para o que é normal. As perversões não constituem nem bestialidades nem degenerações. São desenvolvimentos de germens que se acham todos na indiferenciada predisposição sexual da criança.
>
> Sigmund Freud, *O caso Dora* (1901)[2]

Qual é a sua relação com a pornografia?

Silêncio.

Vou repetir: qual é a sua relação com a pornografia?

Silêncio.

Será que você não ouviu minha pergunta? Pode responder sem medo, numa boa: qual é a sua relação com a pornografia?

Silêncio.

Gente, vai ser mesmo necessário apontar o dedo? Francamente! É uma pergunta singela. Quem não deve não teme!

---

1. Texto publicado originalmente na revista *Viso: Cadernos de Estética Aplicada* (v. 16, nº 30, jan.-jun. 2022) e escrito com base no impacto da estreia de *História do olho: Um conto de fadas pornô-noir* na Mostra Internacional de Teatro de São Paulo (MIT-SP) de 2022.

2. Freud, S. "Análise fragmentária de uma histeria (O caso Dora)". *Obras completas,* v. 6. São Paulo: Companhia das Letras, 2016, p. 232.

[*risos*] E não adianta olhar pro lado, nem abaixar os olhos, e muito menos se fingir de invisível. Eu estou vendo muito bem todo mundo aqui. É pra você mesma [*aponta*], você mesmo [*aponta*], você mesme [*aponta*] que estou perguntando: qual é a sua relação com a pornografia?

Silêncio sepulcral.

O que você disse? Pode falar um pouquinho mais alto? [*pausa para escuta*] Ah, você está dizendo que é difícil responder em abstrato? Concordo. É impossível mesmo responder em abstrato. Por isso não estou perguntando em abstrato, estou perguntando em concreto mesmo. Fala pra mim, no duro: quais foram as primeiras imagens que vieram à tua cabeça quando você ouviu minha pergunta? Respira, fecha os olhos e diz: qual é a sua relação com a pornografia?

*

Esta é a questão que pulsa em cada fragmento de *História do olho: Um conto de fadas pornô-noir*, de Janaina Leite, que estreou na 8ª Mostra Internacional de Teatro de São Paulo (MITsp), que ocorreu entre os dias 2 e 12 de junho de 2022. Endereçada diretamente à plateia nos instantes iniciais do espetáculo com uma candura quase infantil, esta questão — "Qual é a sua relação com a pornografia?" — é repetida implicitamente a cada vez que ume des 12 atuantes (André Medeiros Martins, Anita Saltiel, Armir'Ore Erormray, Carô Calsone, Cusko, Dadu Figlioulo, Georgia Vitrilis, Isabel Soares, Lucas

Scudellari, Ultra Martini, Vinithekid e Tadzio Veiga) em cena tentam respondê-la pra nós.

A simplicidade da pergunta e o caráter absolutamente direto e franco do seu endereçamento, tentativa de ludibriar a polícia íntima que habita cada ume de nós meio que rindo e fingindo que o superego não existe — exatamente como no texto de Bataille! — deixa de saída a plateia sem escapatória. Um riso nervoso toma a sala. Um pequeno sinal de angústia avisa que algo está prestes a acontecer. Olho para a própria diretora sentada em um canto da cena e me sobressalto: ao contrário do que acontecia em seus últimos trabalhos (*Conversas com meu pai, Stabat Mater, Camming 101 noites*), ela está sem máscara. E vestida (de noir)!

Antes que pudesse ficar claro o funcionamento do dispositivo cênico proposto por Janaina Leite, o modo como a questão inicial foi endereçada à plateia me deixou sobressaltado, como alguém todo-ouvidos diante de um perigo iminente: e se ume performer me obrigar, aqui e agora, a responder em público, sem preparação ou ensaio, qual é a minha relação com a pornografia? O que eu vou dizer? Será mesmo que eu sei qual é a minha relação com a pornografia? Se eu sei, é só vergonha de falar? De me expor? Por que de súbito estou me sentindo tão nu? Ou será que o problema é justamente que não sei, e que estou até com um certo receio de me investigar? E se a resposta a essa pergunta me tornar de algum modo estranho a mim mesmo? E se, na tentativa de respondê-la do modo mais franco possível, eu deparar com uma pessoa muito diferente da que eu julgava ser? E se levar a sério essa pergunta me conduzir até alguma descoberta que não sei se quero fazer?

*

O primeiro problema do pornô é que ele acerta em cheio o ponto cego da razão. Ele se endereça diretamente ao centro das fantasias sexuais sem passar pela palavra, sem reflexão. Primeiro a gente fica molhada ou tem uma ereção, depois pode se perguntar o porquê. Os reflexos de autocensura são desestabilizados. A imagem pornográfica não te deixa escolha: é isto que te excita, é isto que te faz reagir. Ela sabe onde apertar para que funcionemos. Essa é sua força maior, sua dimensão quase mística. E é lá que se atiçam e urram muitos dos manifestantes antipornô. Eles se recusam a falar diretamente de seu próprio desejo, se recusam a que lhes seja imposto descobrir coisas sobre si mesmos que preferiram calar ou ignorar.[3]

*

Um ensaio crítico sobre um espetáculo teatral, ou melhor, um ensaio crítico *a partir de* um espetáculo teatral é em primeiro lugar uma carta aberta endereçada às realizadoras da peça que, ao (re)ensaiar criticamente, tentamos continuar no teatro da nossa imaginação.

---

3. Despentes, V. *Teoria King Kong*. São Paulo: N-1, 2016, pp. 76s.

Seu principal combustível é o *aftertaste* que adere ao nosso paladar depois de uma experiência estética que efetivamente nos toca. Penso no sabor da menta, do jambu, do esperma. Não por acaso, em inglês "taste" diz tanto "gosto" quanto "toque". O que move a crítica? Um gosto que, *a posteriori, nachträglich, after*, invoca a seguir tocando. Um toque que provoca a seguir gostando (ou gozando!). Se qualquer obra, e ainda mais decisivamente uma experiência no campo das artes da cena, inescapavelmente presenciais e táteis, só se completa ao encontrar seu público, uma crítica é sempre uma forma de agradecimento pelo modo como fomos tocados e uma troca (uma toca!) de presentes.

No âmbito dessa visão da crítica como carta, como agradecimento e troca de presentes, nem é preciso dizer que o crítico se expõe tanto quanto as artistas da peça que se propõe a seguir pensando. Há inegavelmente uma autoescritura performativa[4] nesse tipo de crítica. Esse é o risco da coisa. E o sabor. Ninguém falou que seria fácil.

*

Cara Janaina, acredita que, pensando na minha relação com a pornografia na estreia da tua *História do olho* no dia 10 de junho de 2022 (há mais de dois meses, portanto!), essa citação da Virginie Despentes que acabei de te mostrar dois asteriscos

---

4. Ver Leite, J. *Autoescrituras performativas: Do diário à cena*. São Paulo: Perspectiva, 2015.

acima foi a primeira coisa que me veio à cabeça? [*Janaina me encara fixamente e seus pequenos olhos brilham*]

Janaina, você está gargalhando com os olhos ou é impressão minha? Janaina, sério que você não está acreditando na minha resposta?! Francamente!

*

Outra que não acreditou numa resposta análoga que dei assim, de chofre, foi Renata Carvalho. Ao apresentar o seu já histórico *Manifesto transpofágico*[5] no Faroffa que aconteceu paralelamente à MIT na qual tua *História do olho* estreou, ela me confrontou com uma pergunta analogamente embaraçosa.

(Será que Dostoiévski tinha razão ao escrever que "onde há rubor, há salvação"? Gosto da ideia de que o rubor, como reação física involuntária, é uma espécie de antessala da verdade. Como uma ereção. Ou uma buceta molhada. Ou... Enfim.)

No segundo ato do espetáculo, no momento em que abre a cena para uma conversa com a plateia na qual esclarece sua condição de transpóloga que devolve o olhar cisgênero e mira esses seres cistranhos com uma irônica curiosidade zoológica, Renata me perguntou diretamente: Qual o seu nome? Eu: Patrick. Ela: Pessoa, você já ficou com uma pessoa trans? Eu respondi: Não. Ela: Por quê? Eu: Conheci poucas pessoas trans na minha vida. Ela: Não é isso. [*Rubor. Rubor. Rubor*] Eu pimentão: Realmente não é. Acho que é porque o desejo é pré-codificado

---

5. Ver Carvalho, R. *Manifesto transpofágico*. São Paulo: Monstra, 2022.

pelos preconceitos. Ela: Tenho uma teoria sobre esse assunto. Se esse projetor fica com uma pessoa trans, ele continua sendo um projetor. Se uma mulher (por exemplo a Cibele Forjaz, aqui presente) fica com uma pessoa trans, ela continua sendo uma mulher. Mas se um homem cis (e, para piorar, hétero) fica com uma pessoa trans, ele acha que deixa de ser homem. É quase um problema metafísico! [*risos da plateia*]

A partir desse curto diálogo, entendi que o *Manifesto transpofágico* não é sobre as pessoas trans, é muito mais sobre o modo como cada pessoa da plateia se relaciona com a transgeneridade. Esse aprendizado foi fundamental para eu ver que tua *História do olho* não é sobre as pessoas em cena falando abertamente de suas práticas sexuais (que num passado não muito distante eram chamadas de "perversões"), mas sim sobre o modo como cada pessoa da plateia reage à descoberta de que é possível falar abertamente, sem escândalo e preconceitos, de sua própria sexualidade (o exato oposto daquele chiste reacionário de Nelson Rodrigues: "Se a gente soubesse o que nosso vizinho faz entre quatro paredes, pararíamos de falar com ele"). Melhor ainda: talvez tua *História do olho* seja uma das provas mais contundentes de que toda sexualidade digna desse nome é "perversa" (no sentido de não ser centrada sobre as paupérrimas relações genitais heterossexuais que pautam a pornografia e por extensão as práticas sexuais hegemônicas nesta nossa era farmacopornográfica).

*

A abertura de *História do olho* é inesquecível: Lucas Scudellari, um ator negro com um corpo esculturale uma microtanguinha tipo Leopardos, senta numa cadeira e, olhando diretamente para o público, com toda a simplicidade, conta a história de sua relação com a pornografia: de como começou a se exibir num site de pornografia online; de como se tornou garoto de programa; de como virou ator pornô; de como descobriu que tinha jeito e gosto pela coisa. Aí, gaiato que só, depois de contar sua odisseia, ele abre uma caixa de sapatos que estava a seu lado e exibe orgulhosamente as "provas" do que estava dizendo: "Este aqui é o troféu de melhor passivo de 2016; este o troféu de melhor oral de 2017; e aqui os troféus de melhor passivo e melhor oral de 2018."

Ele fecha sua apresentação lendo (ou recitando de cor) no livro aberto à sua frente "minha passagem favorita da *História do olho*". Não lembro mais, infelizmente, qual era a passagem escolhida pelo Lucas, mas poderia ser esta aqui, uma síntese da filosofia do narrador de Bataille e des atuantes da peça de Janaina Leite:

> Para os outros, o universo parece honesto. Parece honesto para as pessoas de bem porque elas têm os olhos castrados. É por isso que temem a obscenidade. Não sentem nenhuma angústia ao ouvirem o grito do galo ou ao descobrirem o céu estrelado. Em geral, apreciam os "prazeres da carne", na condição de que sejam insossos.
>
> Mas, desde então, não havia mais dúvidas: eu não gostava daquilo a que se chama "os prazeres da carne", justamente por

serem insossos. Gostava de tudo que era tido por "sujo". Não ficava satisfeito, muito pelo contrário, com a devassidão habitual, porque ela só contamina a devassidão e, afinal de contas, deixa intacta uma essência elevada e perfeitamente pura. A devassidão que eu conheço não suja apenas o meu corpo e os meus pensamentos, mas tudo o que imagino em sua presença e, sobretudo, o universo estrelado...[6]

*

Essa primeira apresentação desse primeiro ator contém em germe o dispositivo da peça: cada ume des atuantes em cena irá se apropriar do livro de Bataille não apenas escolhendo sua passagem favorita, mas mostrando de que modo esse livro em particular e a pornografia em geral atravessa a sua vida e constitui a sua subjetividade.

Diga-me como gozas e te direi quem és!

*

A tese de que nossa relação com a sexualidade é o que mais decisivamente nos define não é original — está lá com todas as letras no velho Freud que Bataille tanto leu —, mas o modo como é demonstrada no espetáculo de Janaina Leite é sem dúvida singular: em vez do mero "diga-me", a frase que melhor define a peça *História do olho* seria: "Mostra-me qual é teu fetiche e te direi quem és!"

---

6. Bataille, G. *História do olho*. São Paulo: Cosac & Naify, 2003, p. 58.

Me mostra como você goza, vai, leitore, com toda a franqueza de que é capaz. Sem medo de juízos e injúrias. Para além do bem e do mal. Para além da moral. Para além de qualquer cagação de regra sobre o que é normal ou não. Me mostra, vai?

*

Gosto de me exibir, gosto de chupar pau, gosto de dar o cu, gosto de me masturbar ao som do hino nacional de algum país oriental para um cliente nascido nesse país que me paga em tokens, gosto de profanar ideias e símbolos cristãos, gosto do oculto e do secreto, gosto de vídeos *gore* com assassinatos reais, gosto de ser assexual, gosto de pesquisar os subusos do meu cu, de enfiar e quebrar ovos dentro dele, por exemplo, gosto de mijar em público, gosto que mijem na minha cara, gosto que mijem no olho do meu cu, gosto de passar a mão no pau do colega, gosto de me masturbar dentro do armário, se for normando então melhor ainda, gosto de orgia, gosto de corpos sujos e despidos numa ordem desvairada, gosto do cheiro de sangue de esperma de urina de vômito, gosto de fazer o trânsito da literatura para o orgânico, gosto do sublime mergulhado na lama da sarjeta, gosto de chupar uma buceta pela primeira vez recebendo dicas da plateia em volta, gosto de me contorcer como num ataque de epilepsia, gosto de grunhidos informes, de ladainhas de gritos inumanos, de desvarios de berros e lágrimas, gosto, gosto de perder minha interioridade psicológica e me abandonar à pura interioridade orgânica, gosto de me libertar de todas as restrições, gosto de me abandonar ao regime intensivo da matéria, gosto de pornô heterossexual hardcore, de paus enormes e musculosos, de peitos gigantes, redondos e siliconados, do gozo falso das falsas louras gosto menos, gosto das revistinhas de sacanagem que roubei do meu tio, gosto de 101 noites de *camming*, gosto de mijar na frente de um pagante e gosto mais ainda quando o pagante bebe o meu xixi quentinho, gosto de jogar pedrinhas contra a janela de uma mulher enlouquecida para convidá-la pra trepar, gosto de andar de bicicleta nua com a ponta do selim roçando a minha buceta, gosto de tempestades, paixões eternas e pernas abertas, gosto de cabelos pálidos escorridos levados pelo vento, gosto da tua mão sobre os meus pentelhos, gosto de relâmpagos e da aurora, gosto do despudor, da fadiga, do absurdo, "o que eu fiz para merecer a paz que só o sexo traz?", gosto de cigarros jornais o sol teu suor, gosto de ovos quebrados olhos cortados ouvidos abertos, gosto de ostras lágrimas a baba espessa escorrendo da tua buceta na minha boca, gosto de *choker* (de preferência dentro do armário) mas não tanto quanto Marcela e David Carradine, gosto de foder com cadáver, gosto da Via Láctea, esse estranho rombo de esperma astral e de urina celeste cavado na caixa craniana das constelações, gosto do redondo da palavra cu, gosto de gente safada, gosto de conto de fada, gosto de shibari e de manequim, gosto de algema de pelúcia e chicotinho, gosto de lubri sabor pimenta e top de courinho, gosto de gente dura e gente doce, gosto de *golden shower* e calcinha arrastada pro ladinho, gosto que você deixe de ser gente e solte grunhidos animalescos, gosto do teu amor e de café na cama, gosto de você sem pijama, gosto de poliamor e de trisal, gosto de cuspe porra e suor, gosto de escroto cabeludo, pau ensebado e cocô, gosto de clitóris excitado e xota menstruada, gosto da babinha que sai da cabecinha, gosto de buço, suvaco molhado e de cabelo no cu, gosto de roupas de toureiro, gosto de estocadas de um metro, gosto dos teus olés, gosto, gosto de me sentar nua em cima dos colhões frescos de um touro recém abatido, gosto do sol que cega, gosto do teu ânus solar, gosto de acontecimentos súbitos, sem transição previsível ou conexão aparente, gosto de enfiar um ovo um olho um colhão de touro na minha vulva desnuda, gosto de suspensão, os ganchos furando a minha pele, a gravidade escandindo os limites do meu corpo, gosto do olhar boquiaberto enojado excitado da plateia, gosto do meu pau balançando enquanto voo, gosto do sangue que escorre das minhas costas e da minha bunda, gosto de todos os furos e cortes que você puder imaginar, gosto de ter 70 piercings e o corpo fechado de tatuagens, especialmente no rosto, gosto de apagar cigarros na minha língua, gosto de BDSM, *Bondage*, Dominação, Disciplina, Submissão, Sadismo e Masoquismo, gosto de brincar com o que é abjeto nojento repulsivo, gosto de encantar e iludir, gosto do poder que isso me dá, gosto do tesão no teu olhar, gosto de sentir meu cacete erguer dentro das calças, gosto de ser enforcado e de esporrar com o pau duro ao ter o pescoço quebrado, gosto de não me preocupar com o modo como essa história vai acabar, gosto do grito do galo, gosto da alegria fulminante do olho, gosto e me regozijo com esta única certeza, nada pode apagar a alegria, nada pode apagar a alegria, nada pode apagar a alegria, nem a angústia e muito menos a morte.

*

Em termos de estrutura, o espetáculo oscila entre os depoimentos autobiográficos des própries atuantes e uma reconstrução bastante fiel, na ordem em que aparecem no romance, dos principais episódios de *História do olho*. O grande desafio da dramaturgia (assinada pela própria diretora e idealizadora do projeto) é justamente esse: conseguir conciliar de modo contundente a tradução cênica do enredo do romance (e da voz a um só tempo cândida e irônica de seu narrador-protagonista) com a voz singular de cada atuante e assim construir paralelos insuspeitos entre a história de cada corpo em cena e as tantas cenas e gags histéricas e histriônicas imaginadas pelo próprio Bataille.

Em vez de usar o romance como fio condutor absoluto, construindo apenas uma transposição cênica do livro, ou de usar o romance como mera inspiração e ponto de partida para logo abandoná-lo e seguir na revelação das sexualidades contemporâneas das pessoas em cena, o interesse do dispositivo proposto no espetáculo *História do olho* exige uma concentração absoluta des performers em cena (e na plateia!) no sentido de atualizar o texto de Bataille à luz das sexualidades contemporâneas e, em sentido inverso, de encarar essas mesmas sexualidades à luz do texto de Bataille, para que não achemos narcisicamente, como é usual, que estamos na ponta de lança do "progresso" sexual. Quando se pode mostrar e fazer qualquer coisa em cena ou diante de uma tela de computador, o que se ganha em performatividade, exibicionismo e galhardia se perde, talvez, em libido diretamente sexual. Ou não. Não sei. Mas sei que é preciso lançar outros mundos no mundo. Sempre. Se um trabalho não faz isso, nada acontece.

*

História do olho, o romance, desdramatiza tudo o que toca e opera em nossos inconscientes desativando (ou pelo menos desautomatizando) uma série de clichês e preconceitos sociais que bebemos no leite materno. Claro, há muito "sangue, suor e lágrimas" no livro de Bataille que deu origem à peça, mas jamais tratados de forma grandiloquente ou séria ou melodramática. Sangue, suor e lágrimas são apresentados sempre na sua materialidade mais orgânica, como as gelecas [*slimes*] das brincadeiras infantis, sem conotações idealistas, de modo jocoso, irônico, tátil, paródico, lúdico. Lembra de *Kill Bill*? Bataille é uma espécie de Tarantino *avant la lettre*!

Seu romance *deformação* de dois adolescentes em sua busca obstinada pela vida (isto é, por sexo, prazer, loucura, êxtase, morte e espetáculo) é uma busca sobretudo cômica mesmo quando tenta se aproximar do trágico ou do monstruoso. A sensação de quem lê é a de que os protagonistas estão sempre brincando — e brincar é se experimentar experimentando os limites do próprio corpo, como no teatro! —, de que nada ali é sério, definitivo, de que não há outra mensagem se não esta: não fique parado no mesmo lugar, o movimento gera movimento.

História do olho é um romance que se lê às gargalhadas, porque, como diz o texto da peça, "o cômico se liga ao pornográfico.

O riso tem um sentido de queda e não de elevação, o riso é de uma exposição sem precedentes, e a pornografia também".

*

O imperativo de exibir sem escândalo ou preconceitos as variadas e a princípio exóticas práticas sexuais das personagens do romance de Bataille e des atuantes em cena transforma esta encenação da *História do olho* em um acontecimento circense, muito mais próximo da performance do que do drama, o que aliás faz inteira justiça ao romance de Bataille.

O caráter circense de *História do olho*, o espetáculo, está por um lado no exotismo de certas práticas sexuais apresentadas em cena — a história do circo é marcada originalmente pelo desafio "antropológico" de trazer mundos outros, distantes e diferentes, a suas plateias, ensinando que o mundo é mundo mais rico e pode ser muito mais prazeroso do que parece a olhos castrados! — e por outro na dificuldade técnica e na destreza física requeridas para a realização de certos fetiches.

O cardápio de práticas sexuais a princípio exóticas é extenso. Cada leitor pode escolher suas prediletas na seção deste texto em que tentei traduzir em prosa poética o tanto de sabores e saberes que o espetáculo colocou à minha disposição. Eu destaco, do ponto de vista da origem do projeto, a cena clássica de Simone, protagonista do romance de Bataille, sentando nua da cintura para baixo numa bacia de leite e enlouquecendo de vez o narrador, com quem viverá as tórridas paixões e aventuras narradas no romance. Curioso, Janaina, que teu sobrenome é Leite. Será que nome é destino? Ainda no rol das práticas sexuais a princípio exóticas, mas nada difíceis de realizar, ao menos não tecnicamente, destacaria uma que, do ponto de vista logístico, é um verdadeiro achado para quem vai muito ao teatro e está cansado das longas filas para ir ao banheiro: em *História do olho*, não é sequer necessário sair da sala no intervalo. Basta subir no palco e mijar sobre um performer que fica em cena nos convidando entusiasmado a mijar sobre ele.

Já o cardápio de práticas sexuais difíceis de realizar, que requerem preparação atlética, destreza esportiva ou algum raro talento natural, é menos extenso, mas contém as duas imagens desse espetáculo que ficarão talvez para sempre impressas nas minhas retinas cansadas.

A primeira é a imagem da performer Isabel Soares, com seus grandes olhos, explicando como descobriu a pornografia ao ver a relação entre dor e gozo no rosto da Pietá, como depois curtiu o pós-pornô, como aquilo se tornou uma pesquisa acadêmica, como essa pesquisa de repente não era mais suficiente, como finalmente descobriu o *fisting* e como começou a praticar. Enquanto fala, ela vai distribuindo luvas pretas de látex ou algo parecido para a plateia e medindo as mãos das pessoas para quem entrega as luvas. Ao final de sua fala, ela pergunta se alguém quer entrar em cena para fistar ela. Tira a roupa e deita-se de pernas bem abertas diante da plateia, se recosta no colo de uma outra performer e, fazendo uma cara de Pietá, vai instruindo a pessoa da plateia que se candidatou a fistá-la sobre como ir metendo dedo por dedo dentro de sua buceta. A cena toda é de uma doçura espantosa em se tratando da dificuldade da tarefa e da elasticidade requerida, mas ela vai conversando baixinho com a pessoa cujos dedos a vão penetrando. Estou vidrado na doçura dos seus olhos e no tom baixo de sua voz durante o processo. Quando me dou conta, tchan tchan tchan tchan, como num passe de mágica, a buceta de Isabel foi capaz de acolher a mão da pessoa da plateia até o punho.

Essa cena contrasta fortemente, pela leveza que acaba inundando tudo, com a cena que vem mais à frente. Trata-se de uma cena de suspensão, muito mais tensa e angustiante, por conta da inevitável empatia sentida pela plateia com a provável dor do performer — até porque somos todes convidades a fazer uma roda no palco e acompanhar de muito perto a pessoa que está sendo preparada para o número, recebendo cortes nas costas e na bunda para receber os ganchos por meio dos quais posteriormente poderá ser suspensa com a ajuda de uma corda. Nesse número em que uma prática sexual e uma prática circense se misturam radicalmente, sobressai a dificuldade técnica para a sua realização e consequentemente o espanto também circense — ooooooohhhhh — de ver o trabalho da "trupe de suspensores" dar certo. A justificativa conceitual da cena no corpo do espetáculo tem a ver com o fato de ela ser uma tradução cênica da célebre cena da morte do jovem toureiro Granero, que Bataille de fato presenciou numa arena espanhola em 1922. O performer que será suspenso faz as vezes do touro que precisa ter a carne perfurada por diversos tipos de lança antes de receber o estoque final.

A despeito de seu efeito ser poderoso, no sentido de produzir irrecusável mal-estar, como aquele que um vegano sentiria numa tourada, fiquei com a impressão de que essa cena compromete o ritmo da peça como um todo, que até então fluía veloz, lúdico e cômico. A partir da longa interrupção para esse número, a peça terá alguma dificuldade em reencontrar seu ritmo, sua cadência, tendendo, daí em diante, mais para o patético do que para o cômico. Ainda que, para algumas leitoras experientes de Bataille, como Eliane Robert Moraes, a ideia de que "o sentido do erotismo [como fusão e supressão de limites] é a morte"[7] justifique a tentativa de tensionar a comicidade que imperara até então em cena com uma duração mais dilatada e uma gravidade mais sóbria, acho que o trabalho tem um alcance mais poderoso quando aproxima o erotismo da vida, da alegria, de todos os transbordamentos e sujeiras que fazem valer a pena estar neste mundo e num teatro. Além disso, por mais que algum sangue acabe correndo, a dificuldade e o risco físico da suspensão exigem um planejamento, uma concentração e uma limpeza que destoam da alegre dispersão do restante do trabalho.

*

Eu continuo sem saber direito qual é a minha relação com a pornografia, mas a minha passagem favorita de *História do olho* não é de Bataille, é de Cortázar — e temo que ela revele muito mais sobre minha sexualidade do que seria prudente

---

7. Moraes, E.R. "Um olho sem rosto". In: Bataille, G., op. cit., p. 20.

confessar aqui. Na brevíssima crítica que escreveu ao romance de Bataille, publicada como apêndice da bela edição do romance da falecida editora Cosac & Naify, o escritor argentino concentra numa imagem tirada de sua própria biografia o *aftertaste* de *História do olho* — e é fantástico que ele só tenha lido Bataille depois de presenciar essa cena.

O mais impressionante nesse breve e belo texto de Cortázar é a percepção do modo como as verdadeiras experiências estéticas embaralham todas as dimensões do tempo, convertendo a vida em livro de areia, ou livro dos prazeres — seja porque nunca leremos da mesma forma duas vezes um "mesmo" acontecimento, seja porque temos a deliciosa liberdade de ler fora de ordem o livro da vida. Não é impressionante quando percebemos que uma leitura que só ocorreria no futuro transformou também tudo o que veio antes? Que o passado permanece sempre em aberto e em disputa? *Conversas com meu pai* e *Stabat mater*, aliás, dois trabalhos anteriores de Janaina Leite, são ótimos exemplos dessa outra concepção da temporalidade! Será que toda a sua obra recente não poderia ser lida justamente como uma tentativa de ler a história a contrapelo com base na tríade "recordar, repetir, elaborar"? Enfim...

Escreve Cortázar, descrevendo uma cena presenciada por acaso enquanto estava em um café a céu aberto em uma pequena cidade no interior da França, Grignan:

> Eram adolescentes as beldades de Grignan, os primeiros bailes e as últimas brincadeiras; a ciclista, a mais bonita, usava o cabelo comprido preso num rabo de cavalo que se agitava de um lado a outro a cada risada, lançando olhares em direção à mesa do café

[onde eu estava]; as outras não tinham sua graça de potranca, estavam como que enquadradas em personagens já definidas e ensaiadas, as burguesinhas com todo o futuro escrito na atitude; mas eram tão jovens e o riso lhes vinha da mesma fonte comum, irrompia no ar do meio-dia, misturava-se com as palavras, as bobagens, esse diálogo de meninas que aponta para a alegria e não para o sentido. Demorei a perceber por que a ciclista me interessava particularmente. Estava de perfil, às vezes quase de costas, e ao falar subia e descia levemente no selim da bicicleta; bruscamente vi. Havia outros paroquianos no café, qualquer um podia ver, as duas amigas, ela mesma podia saber o que estava acontecendo: coube a mim ver (e a ela, mas em outro sentido). Já não olhei para outra coisa, o selim da bicicleta, vagamente cordiforme, o couro preto terminando numa ponta arredondada e grossa, a saia de leve pano amarelo moldando o quadril pequeno e estreito, as coxas calçadas em ambos os lados do selim, mas que continuamente o abandonavam quando o corpo se lançava para a frente e descia um pouco para o oco do quadro metálico; a cada movimento a extremidade do selim encostava-se um instante entre as nádegas, se retirava, voltava a se encostar. As nádegas se moviam ao ritmo do bate-papo e das risadas, mas era como se, ao querer novamente o contato com o selim, elas o estivessem provocando e o fizessem por sua vez avançar, havia um mecanismo de vaivém interminável e isso acontecia sob o sol em plena praça, com gente olhando sem ver, sem compreender. Então era assim, entre a ponta do selim e a quente intimidade dessas nádegas adolescentes não havia nada além da malha de uma calcinha e o leve pano amarelo da saia. Bastavam essas duas pífias barreiras para que Grignan não assistisse a algo que teria provocado a mais violenta das reações, a garota continuava se apoiando e se afastando ritmicamente do selim, uma e outra vez a grossa ponta preta se inseria entre as metades do jovem pêssego amarelo e o fendia até onde a elasticidade do tecido permitia, saía de novo, recomeçava; o gozo estava presente mesmo sem ter dono, mesmo que a garota não percebesse o gozo que se tornava riso, frases soltas, prosa de amigas; mas algo nela sabia, sua risada era a mais aguda, seus gestos os mais exagerados, estava fora de si, entregue a uma força que ela mesma provocava e recebia, hermafrodita inocente buscando a fusão conciliadora, devolvendo em folhagem estremecida tanta seiva bruta.[8]

*

Se a cena de Cortázar recorta uma adolescente exercendo sua sexualidade à luz do dia sem vergonha, é porque nela ainda mora a inconsciência da infância. A beldade de Grignan, como a Simone do romance de Bataille, ao menos nos breves instantes em que o escritor argentino a observa, simplesmente não reconhece os preconceitos morais — uma forma de anulá-los muito mais eficaz do que qualquer denúncia ou crítica diretas (ambas sempre no risco iminente de tornarem-se, elas próprias, moralistas). Em se tratando de uma personagem literária, é supérfluo se perguntar se uma adolescente tão livre da moral como Simo-

---

8. Cortázar, J. In: Bataille, G., op. cit., pp. 130s.

ne poderia de fato existir em nossa realidade cotidiana. Como tantas personagens definitivas da literatura, Simone resplandece como um farol e é menos a beldade de Grignan do que a luz a partir da qual Cortázar a enxerga e goza com o que vê.

De que feitiços e brincadeiras seríamos capazes se, por alguns instantes, conseguíssemos resistir às torturas com que a sociedade continuamente planta em nós as sementes da vergonha? Que proezas libidinais (mais ou menos circenses) estariam ao nosso alcance se, por um momento, conseguíssemos retroceder (ou, melhor dizendo, ascender) a um modo mais infantil e polimorfo de lidar com nossos corpos, sem os antolhos da moral?

Se não é raro e tampouco deveria ser chocante ver uma criança "inconscientemente" se masturbando na sala de jantar, no banho ou vendo televisão com os avós como se aquilo fosse a coisa mais natural do mundo (e é!); se não é raro e tampouco deveria ser nojento ver uma criança pintando de cocô as paredes de seu quarto entregue a um prazer tátil total, por que nós adultos não poderíamos nos permitir prazeres sensoriais (ou sexuais) análogos? O que, além dos preconceitos mais rasteiros, nos impede de vivenciar nossos corpos com a liberdade, a entrega e a sabedoria deliciosamente perversa da infância?

Possíveis respostas a essas perguntas são encarnadas pelos 12 performers dirigidos por Janaina Leite e concentram o sumo da pedagogia contida no espetáculo *História do olho: Um conto de fadas pornô-noir*. Trata-se de um "conto de fadas" não por veicular uma moral no fim, mas por ser endereçado àquilo que há de infantil e perverso-polimorfo em cada espectadore, àquilo que insistimos em recalcar sob o grosso verniz de uma pseudocivilização. (O retorno do recalcado que vivemos com violência inaudita no Brasil atual é a prova maior de que o caráter "pseudos" ou "fake" da dita civilização não tem como ser denegado indefinidamente.)

Perguntas como essas, enfim, me parecem ser o principal motor da pesquisa mais recente de Janaina Leite, partindo de *Stabat mater,* passando por seus *Ensaios escopofílicos*, pelo brilhante *Camming 101 noites* (o melhor trabalho online que vi durante a pandemia) e culminando em sua leitura da *História do olho*. Ao indagar a si mesma, a sues parceires e a seu público "qual é a sua relação com a pornografia?", Janaina nos convida a olhar com mais atenção para as infinitas possibilidades de nossos corpos; a experimentar esteticamente a existência como se estivéssemos em uma peça de teatro sem a obrigação de viver uma personagem fixa; e, finalmente, a nos escandalizarmos apenas com aquilo que, em nós, ainda prefere o alienado (para não dizer hipócrita) escândalo moralista à vida, à alegria, à verdade — essas tantas filhas do encontro com o desconhecido.

*

"Para Janaina, a narrativa tinha sido bem mais impactante do que ver as imagens filmadas", diz um performer no início de *His-*

tória do olho, rememorando o que a diretora lhe havia dito após os dois verem juntos um filme *gore* cujo enredo monstruoso ele lhe havia narrado antes da projeção: o assassinato com uma serra elétrica de um pai e seu filho perpetrado por um cartel mexicano.

Isso que você diz pela boca desse performer, Janaina, você realiza materialmente em *Camming 101 noites*, trabalho em que fala de sexo, desejo, aprendizado, sacanagem e amor o tempo todo, mas não mostra nenhuma "cena pornográfica".

Sei que essa tensão entre o dizer e o mostrar ou, conforme o caso, entre o não dizer e o não mostrar, é a alma do teu negócio. Essa oscilação e esse movimento, aliás, você sintetiza ao recitar, no finalzinho da *História do olho*, a tua passagem predileta do romance de Bataille, que é mesmo a tua cara, digo, a tua máscara:

> Sir Edmond e eu, disfarçados com barbas pretas, e Simone, usando um ridículo chapéu de seda negra com flores amarelas, deixamos Sevilha num carro alugado. A cada cidade nova em que entrávamos, mudávamos nossos personagens. Atravessamos Ronda vestidos de padres espanhóis, com chapéus de feltro preto aveludado, envolvidos em nossas capas e fumando, virilmente, grossos charutos; Simone, com roupas de seminarista, mais angélica que nunca. Desaparecemos assim, para sempre, da Andaluzia, lugar de terra e céu amarelos, imenso penico afogado em luz, onde, a cada dia e a cada novo personagem, eu violava uma nova Simone, sobretudo por volta do meio-dia,

no chão, ao sol, sob os olhos avermelhados de Sir Edmond. No quarto dia, o inglês comprou um iate em Gibraltar.[9]

Então agradeço por tudo que a *História do olho* e teus trabalhos anteriores moveram em mim, e me desculpo por terminar com uma pergunta bastante simples: contrastando a tua máscara mais narratofílica com a tua máscara mais escopofílica, qual é a que te veste melhor? Em outras palavras: qual é a tua relação com o erotismo?

---
9. Bataille, G. , op. cit., p. 85.

Crítica como aula de filosofia

A pulsão rapsódica de Octavio Camargo — Projeto *Ilíadahomero*[1]

> O modo como o ensaio se apropria dos conceitos seria comparável ao comportamento de alguém que, em terra estrangeira, é obrigado a falar a língua do país, em vez de ficar balbuciando a partir das regras que se aprendem na escola. Essa pessoa vai ler sem dicionário. Quando tiver visto a mesma palavra trinta vezes, em contextos sempre diferentes, estará mais segura de seu sentido do que se tivesse consultado o verbete com a lista de significados, geralmente estreita demais para dar conta das alterações de sentido em cada contexto e vaga demais em relação às nuances inalteráveis que o contexto funda em cada caso.
>
> Theodor Adorno, "O ensaio como forma"

O nascimento da crítica em sentido moderno, que remonta ao final do século XVIII, pode ser lido como uma rebelião contra a pretensão das poéticas neoclássicas de estabelecerem critérios

---

[1]. Texto publicado originalmente no dia 31 de agosto de 2015 na revista *Questão de Crítica*. A escrita deste texto foi baseada na análise de apenas dez cantos da *Ilíada* de Homero, montados por Octavio Camargo e apresentados no Festival de Curitiba de 2015. Vale ressaltar que, no Festival de Curitiba de 2016, o diretor pôde apresentar integralmente os 24 cantos em dois dias seguidos. Como cada canto durava aproximadamente uma hora, permaneci ao longo de um único final de semana 24 horas no teatro (12 horas no sábado, mais 12 no domingo), em uma das experiências teatrais mais imersivas de que já participei.

a-históricos para o julgamento das obras. No lugar de regras *a priori* para a produção e a avaliação das criações artísticas, os pais da crítica (e aqui me refiro especialmente a Novalis e aos irmãos Schlegel) postularam que cada obra precisa ser compreendida em seus próprios termos, com base em uma análise imanente que não sucumba à tentação dogmática de simplesmente emitir juízos sobre seu (bom ou mau) acabamento, mas sim que assuma a responsabilidade de amplificar o seu alcance. De juiz pretensamente imparcial do trabalho dos outros, o crítico é convertido em coautor das obras que se propõe a abordar. Sua tarefa, análoga à do artista, é a de propor novos arranjos dos elementos presentes em uma obra, tornando visíveis camadas de sentido que de outro modo teriam permanecido condenadas à inexistência.

A potência desses novos arranjos é em larga medida determinada pela situação histórica do próprio crítico. Em qualquer trabalho de crítica da crítica, não se trata de averiguar se o crítico descobre a verdade oculta e imutável da obra — como nos mostrou Iser em sua genial análise da novela *The figure in the carpet*, de Henry James, tais verdades não existem! —,[2] mas, sim, de investigar até que ponto a nova leitura proposta por ele permite entrever na obra originária possíveis caminhos para o enfrentamento das questões do presente. Na bela formulação de Roland Barthes, "a crítica não é uma 'homenagem' à verdade

---

2. Iser, W. *O ato da leitura: Uma teoria do efeito estético (v.1)*. São Paulo: Ed. 34, 1996, pp. 23-48.

do passado, ou à verdade do 'outro', ela é construção da inteligência do nosso tempo".[3]

Se, por um lado, essa aproximação entre crítica e criação redefine o atual papel social do crítico, que deixa de ser um guia para o consumidor de cultura e se torna um parceiro do artista na lida com a precariedade de uma linguagem que não se contenta em repetir quaisquer padrões canônicos, por outro ela torna visível o quanto também os artistas, e especialmente os diretores de teatro, precisam criticar as obras que se propõem a encenar para realizar o seu próprio trabalho. Se todo crítico tem um quê de criador, todo criador tem um quê de crítico.

Essa afirmação, enquanto permanece apenas teórica, não passa de uma generalização problemática — como, aliás, qualquer generalização. Mas, no caso específico do teatro, e no caso ainda mais específico de encenações contemporâneas de textos clássicos, ela pode ser um fio condutor privilegiado para o trabalho da crítica. Diante de uma nova montagem de um clássico, sou perseguido obsessivamente pelas seguintes questões: até que ponto esse trabalho diz algo novo sobre o original do qual parte? Até que ponto vai além da mera transposição do enredo no qual se inspira? Até que ponto torna visíveis outras camadas de sentido da obra originária que, sem a mediação dessa montagem, eu jamais teria sido capaz de enxergar? Até que ponto se relaciona com as questões mais prementes do presente? Em suma: até que ponto essa peça de teatro é um

---

3. Barthes, R. "O que é crítica". In: *Crítica e verdade*. São Paulo: Perspectiva, 2013, p. 163.

ensaio sobre a obra original, mais do que a tentativa de reproduzi-la... acriticamente?

No fundo de todas essas questões, pulsa a provocativa formulação de Deleuze em seu ensaio sobre o teatro de Carmelo Bene. A respeito de sua peça *Romeu e Julieta*, Carmelo Bene diz: "É um ensaio crítico sobre Shakespeare." Mas o fato é que Bene não escreve sobre Shakespeare: o ensaio crítico é uma peça de teatro. Como conceber essa relação entre o teatro e sua crítica, entre a peça originária e a peça derivada?[4]

Uma empreitada homérica

A proposta do diretor curitibano Octavio Camargo é trazer Homero de volta ao repertório teatral, de modo que sua poesia se torne novamente familiar, próxima, habitual, popular, e não mais apenas clássica, distante, um tanto quanto hierática ou erudita. Para isso, ainda em 1999, concebeu uma empreitada literalmente homérica: montar na íntegra os 24 cantos da *Ilíada*, de Homero, com 24 atores, cada qual ficando responsável por um canto. Tendo em vista o seu apreço pela materialidade altamente musical da poesia homérica, o diretor tomou a decisão de utilizar em sua encenação a tradução de Manuel Odorico Mendes (1799-1864), considerado por ninguém menos que

---

4. Deleuze, G. "Um manifesto de menos". In: *Sobre o teatro*. Rio de Janeiro: Zahar, 2010, p. 77.

Haroldo de Campos "o patriarca da tradução criativa — da 'transcriação' — no Brasil".[5]

Dezesseis anos depois do nascimento do projeto *Ilíadahomero*, no último Festival de Curitiba o diretor apresentou os cantos que já conseguiu levantar, dez no total.[6] A ideia é concluir a montagem dos 24 cantos a tempo de apresentá-los em Atenas, na Grécia, simultaneamente aos Jogos Olímpicos do Rio de Janeiro, em 2016, o que, por si só, já exprime ironicamente uma posição política. Tendo em vista que a obra como um todo ainda não está completa, as apresentações ao longo do Festival de Curitiba foram batizadas pelo próprio diretor como "em processo".

Para mim, que havia fracassado na tentativa de ler a tradução de Odorico Mendes da *Ilíada* — em comparação com a (aparente) dificuldade do texto de Odorico, Trajano Vieira e o próprio Haroldo de Campos parecem escrever num português de novela... —, e que por isso tinha sérias dúvidas quanto à possibilidade de trazê-la à cena, foi irresistível a tentação de ir

---

5. Campos, Haroldo de. In: Homero, *Ilíada*. São Paulo: Edusp, 1992, p. 11.

6. Os dez cantos apresentados em Curitiba foram os seguintes: Canto 1, por Claudete Pereira Jorge; Canto 3, por Lourinelson Vladmir; Canto 7, por Helena Portela; Canto 8, por Célia Ribeiro; Canto 13, por Kátia Horn; Canto 14, por Eliane Campelli; Canto 15, por Regina Bastos; Canto 16, por Richard Rebello; Canto 22, por Patricia Reis Braga; Canto 24, por Andressa Medeiros. Dada a relativa autonomia de cada apresentação, seria muito interessante fazer análises mais pormenorizadas de cada uma, realçando suas semelhanças e diferenças, mas esse trabalho foge ao escopo deste ensaio.

assistir a uma empresa que, de antemão, me parecia uma temeridade comparável à de heróis gregos como Ícaro ou Níobe. E, no entanto, na sala mofada do Memorial de Curitiba, na qual vi os dez cantos apresentados, tive uma das experiências teatrais mais intensas da minha vida.

Mesmo sabendo que é sempre muito difícil traduzir em palavras o que nos arrebata em uma obra de arte, ou em uma pessoa que amamos, meu propósito é tentar entender algumas das razões desse arrebatamento. Como já terá ficado claro ao leitor, minha estratégia será a de mostrar por que a série de espetáculos a que assisti materializa cenicamente um dos mais interessantes ensaios críticos sobre Homero a que já tive acesso — e talvez mesmo sobre poesia em um sentido mais amplo. Um ensaio crítico que, como os de Carmelo Bene sobre Shakespeare, é uma peça de teatro. Como então conceber essa relação entre o teatro e sua crítica, entre a peça originária e a peça derivada?

A questão da adaptação: por um outro ensaísmo teatral

"*Definitio negatio est*", disse algum medieval de cujo nome já não me recordo. Se toda definição implica a tarefa de delimitar a natureza de algo a partir daquilo que esse algo não é, a primeira coisa que chama a atenção na "adaptação" de Octavio Camargo é o fato de ele (1) não ter cortado nenhuma linha do original; (2) não ter inserido nenhum comentário metalinguístico em sua encenação; (3) não ter abandonado a primazia da palavra de Homero, isto é, não ter cedido à tentação fetichista de produzir imagens autônomas com relação ao texto (à moda das artes plásticas, do vídeo ou da dança); e, finalmente, (4) não ter pretendido simplificar a linguagem do original, não ter recuado diante da tarefa hercúlea de nos restituir com radicalidade o tecido complexo da poesia de Homero.

Essas opções tornam visível a singularidade da *Ilíada* de Octavio Camargo, sobretudo quando sua encenação é contrastada com uma série de adaptações recentes de textos clássicos.

No Brasil, ao menos desde a década de 1990, ocorreu um *boom* de montagens desconstrutivistas de clássicos da dramaturgia ou mesmo da literatura universal. Nessas montagens — e aqui tomo como "exemplos exemplares" os seminais *Ensaio.Hamlet* e *Gaivota: Tema para um conto curto*, da Companhia dos Atores, ambos dirigidos por Enrique Diaz —, o texto originário era o ponto de partida (1) para a montagem de fragmentos seletos das obras-base, sem qualquer compromisso com a sua totalidade; (2) para inúmeros jogos metalinguísticos dos atores, que não se cansavam de refletir sobre a dificuldade de encenar textos tão distantes no tempo, de denunciar a ilusão teatral e de propor possíveis interpretações contemporâneas, mais próximas do mundo dos espectadores, das ideias trazidas à cena; (3) para a produção de verdadeiras performances, ou mesmo de instalações, na fronteira com as artes visuais e dotadas de uma potência expressiva largamente independente das sugestões contidas no texto-base; e, finalmente, (4) para uma atualização da linguagem dos clássicos, no sentido de torná-la mais coloquial e imediatamente acessível.

Em todas essas opções feitas pela Companhia dos Atores e posteriormente por diversos outros grupos que a macaquearam, era possível entrever todo um pensamento cênico que, alimentado por uma pulsante inquietude formal, queria tornar o teatro mais vivo, mais físico, mais surpreendente, mais contemporâneo. O inimigo declarado era o textocentrismo do drama convencional. As duas montagens a que me refiro atingiram um resultado tão potente que, durante muito tempo, tornaram-se elas próprias canônicas. Se, por um lado, foram um exemplo luminoso de como uma peça de teatro pode ser um ensaio sobre Shakespeare — caso de *Ensaio. Hamlet*, que traz essa proposta embutida no próprio título — ou um ensaio sobre Tchékhov — caso de *Gaivota: Tema para um conto curto*, cujo subtítulo ostenta o abandono da ideia moderna de totalidade em nome de uma tomada de partido que se poderia dizer pós-moderna ou pós-dramática —, por outro lado essas montagens geraram uma "nova onda de ensaísmo teatral" cujos frutos nem sempre conseguiram preservar o seu sabor. Na esteira dos criadores a que me refiro, assistiu-se a uma enxurrada de encenações puramente estetizantes, em que o prazer narcísico dos atores, o fetiche pela metalinguagem e pela construção de imagens e frases de efeito, o gosto excessivo pela ironia como insígnia social de inteligência (possivelmente tirado das *sitcoms* americanas) e o uso de projeções e objetos engraçadinhos tendiam a calar a potência ética e política do teatro.

Pensando dialeticamente, é indiscutível que essa "nova onda" possibilitou invenções cênicas e descobertas formais muito fecundas, além de não raro instaurar uma cumplicidade entre palco e plateia que o drama mais tradicional havia virtualmente perdido. No entanto, é igualmente forçoso reconhecer que o abandono de uma exploração mais consistente do alcance poético, político e ideológico dos textos originários muitas vezes redundou em infantilismo. A ironia, a volubilidade e a avidez pela imagem em detrimento da palavra, características de um certo culto à adolescência, tenderam a reputar como "chata" ou ultrapassada qualquer tentativa de construir um ensaísmo teatral mais maduro, mais disposto a encarar de frente a complexidade dos clássicos, sem apelar para atualizações simplificadoras.

Nesse contexto, tornava-se urgente a invenção de um outro ensaísmo teatral. Um ensaísmo que, ouvindo o conselho de Rilke ao jovem poeta, fosse capaz de escolher o caminho mais difícil, o caminho da escuta do texto, caminho que não implica necessariamente o abandono de uma cena visualmente expressiva. Um ensaísmo que, ouvindo Walter Benjamin, reconhecesse que "a distância histórica amplifica o poder das obras" e que, por isso, desconfiaria das atualizações redutoras. Um ensaísmo, em suma, que, ouvindo Nelson Rodrigues, levasse a sério o célebre "Jovens, envelheçam!".

Esse outro ensaísmo é o praticado por Octavio Camargo em sua encenação da *Ilíada*. Se já discutimos o que ele não é, cumpre agora descrever o que ele é.

No princípio, era o verbo

Deixar a palavra de Homero soar, apostar que sua música e suas imagens continuam "audiovisíveis" para espectadores de outro tempo e outro lugar, acreditar na potência encantatória e psicagógica da poesia, na força pedagógica da oralidade: esses foram os princípios que tornaram possível a encarnação da *Ilíada* em Curitiba.

Como suporte para a palavra de Homero, a direção optou por uma cena minimalista. Ainda que com variações nos nove cantos a que assisti, os atores movimentavam-se sutilmente sobre o palco vazio, apenas o suficiente para que seus mínimos gestos e movimentos corporais tornassem eloquentes as variações rítmicas de uma poesia ciosamente recitada. Para além da admiração imediata com a mnemotécnica dos atores, o cuidado com a elocução, especialmente notável nos casos de Lourinelson Vladmir (Canto 3) e Patricia Reis Braga (Canto 22), prova aos arautos de um certo teatro contemporâneo que o coloquialismo naturalista não é o destino inexorável da linguagem teatral.

Quanto aos figurinos, eram todos negros e discretos sob fundo preto, sem datação cronológica explícita, e convertiam as partes expostas do corpo dos atores — cabeça, boca e mãos (em alguns casos, também os braços) — em fragmentos escultóricos de memória ancestral.

Quanto à música, só a das palavras e dos silêncios, nada de temas incidentais sublinhando certos sentidos e tentando manipular afetivamente os espectadores, entregues a uma confortável (e rara!) liberdade.

Coroando o apuro formal da cena, a luz de Beto Bruel não apenas servia à produção de quadros vívidos de cores e intensidades variadas, mas sobretudo marcava rigorosamente as transições entre narração e diálogo no texto de Homero, deixando sempre claro quem falava: o narrador ou alguma das centenas de personagens que tomam a palavra na *Ilíada*. (Apenas no Canto 24, por exemplo, apresentado por Andressa Medeiros, há 119 mudanças na posição do elocutor e, consequentemente, 119 mudanças de luz). A luz aparece, assim, como elemento cênico articulador de todos os demais, promovendo um casamento feliz entre a sensação e o sentido.

Se, como demonstrou Eric Auerbach em seu célebre ensaio sobre Homero,[7] sua poesia se caracteriza pela pulsão apolínea de tornar tudo visível, não deixando nada na sombra, marcando ciosamente os limites e as diferenças entre as coisas, os mortais e os deuses, o projeto *Ilíadahomero* como um todo é profundamente homérico ao propiciar ao espectador a possibilidade de ver com os ouvidos, isto é, de se deixar atravessar pelo fluxo musical de uma linguagem a princípio difícil de seguir sem as referências cênicas e dramáticas necessárias para manter aceso o desejo de seguir ouvindo — um desejo que, não custa repetir, eu não fui capaz de manter enquanto apenas tentava ler a tradução de Odorico Mendes da *Ilíada*.

O fato de que Octavio Camargo não tenha optado por uma tradução mais "fácil" da *Ilíada* comprova a radicalidade de seu

---

7. Auerbach, E. "A cicatriz de Ulisses". In: *Mímesis: A representação da realidade na literatura ocidental*. São Paulo: Perspectiva, 2001.

projeto: o entendimento, no teatro, tem antes a ver com uma escuta que respeita o tempo necessário à digestão do que é ouvido, em toda a sua estranheza, do que com a decodificação imediata que reduz o estranho ao familiar e, portanto, não promove qualquer transformação no ouvinte. O fato de se propor a montar um espetáculo de 24 horas de duração deixa claro o quanto a transmissão das experiências verdadeiramente significativas, e mesmo úteis para nossa vida prática — "o passado é nossa bússola", sintetizou o diretor —, depende da possibilidade de convivermos com as obras. Só da convivência pode nascer o amor, que não é um dado natural, imediato. O amor, como bem sintetizou Alain Badiou, "tem menos a ver com o acaso do encontro do que com o trabalho de fazê-lo perdurar".[8] Um trabalho que depende, como o provam os 16 anos de gestação do projeto *Ilíadahomero*, da possibilidade de reaprendermos uma capacidade pouco valorizada pelos homens modernos: a capacidade de ruminar.

A pulsão rapsódica de Octavio Camargo[9]

Apenas com base nas decisões formais tomadas pela direção, seja na disposição dos elementos cênicos, na opção pela tradução

---

8. Badiou, A. *Éloge de l'amour*. Paris: Flammarion, 2009, p. 41.
9. O título deste ensaio dialoga com o conceito de rapsódia de Jean-Pierre Sarrazac, cujas características são "ao mesmo tempo a recusa do belo animal aristotélico, caleidoscópio dos modos dramático,

de Odorico ou na tarefa de nos restituir na íntegra a totalidade do poema de Homero, torna-se claro que, em seu ensaio sobre Homero, Octavio Camargo demonstra um raro respeito pela inteligência de seus espectadores. Na contracorrente de diretores que se preocupam o tempo todo em fazer concessões que simplifiquem ou atualizem a linguagem dos clássicos e em criar efeitos espetaculosos para satisfazer um público pensado como "cliente" — por trás dessa aparente generosidade, encontra-se a perniciosa pressuposição de que o público é estúpido, a qual acaba servindo justamente para fomentar essa estupidez, constituindo um círculo vicioso que tem vitimado boa parte da produção atual —, o encenador curitibano deixa claro que a tarefa do artista é criar uma relação com seu material que o faça aparecer sob nova luz, sem se deixar orientar por qualquer consideração prévia à sua sempre imponderável recepção. No caso do projeto *Ilíadahomero*, essa "nova luz" foi literal: por intermédio das marcações precisas de Beto Bruel, tornou-se fisicamente claro para

---

épico, lírico, inversão constante do alto e do baixo, do trágico e do cômico, colagem de formas teatrais e extrateatrais, formando o mosaico de uma escrita em montagem dinâmica, investida de uma voz narradora e questionadora, desdobramento de uma subjetividade alternadamente dramática e épica (ou visionária)" (Sarrazac, J.-P.; Naugrette, Catherine (orgs.). *Léxico do drama moderno e contemporâneo*. São Paulo: Cosac Naify, 2012, p. 152). Ocorre que, a despeito dessa inescapável referência ao maior teórico do teatro ainda em atividade, procurei enfatizar mais, segundo fecunda indicação de Jean-Luc Nancy, a ambiguidade contida na figura do "rapsodo como intérprete": a um só tempo ator e explicador das obras cujo caráter híbrido não se cansa de sublinhar.

mim o quanto Homero é, essencialmente, um poeta dramático. (Ou melhor: o quanto sua obra contém em si o germe do futuro, na medida em que é toda feita da mistura dos gêneros épico, lírico e dramático, antecipando Brecht e mesmo os chamados "pós-dramáticos".) E o quanto a convivência com sua poesia depende da transmissão oral. Assim, o teatro é valorizado como lugar privilegiado para a eternização da poesia e, simultaneamente, eterniza-se ele próprio contra os catastrofistas que insistem em vê-lo como "uma invenção sem futuro".

Ocorre que, na série de apresentações dos dez cantos em Curitiba, o próprio diretor valeu-se do fato de se tratar de uma "mostra do processo" para, antes da apresentação de cada um dos cantos, subir ao palco para ele mesmo contar, em uma linguagem coloquial e prenhe de humor, o enredo de cada um dos cantos que seriam apresentados na sequência. Valendo-se das prerrogativas de uma abordagem informal da matéria clássica, Octavio Camargo não se restringia a apresentar o enredo dos cantos. Esmerava-se também em explicar as origens do projeto *Ilíadahomero* e os princípios ideológicos que nortearam a sua gênese.

Dentre as muitas informações com que brindou o público nesses seus prólogos, duas me parecem dignas de destaque. A primeira diz respeito a uma possível analogia entre o português algo castiço de Odorico e o grego de Homero. Como frisou o diretor, para as plateias da época clássica, no século V a.C., o grego de Homero já era uma língua estranha, antiga, distante da linguagem cotidiana. Nesse sentido, a distância histórica entre o grego de Homero e o grego da época clássica seria análoga à nossa distância histórica com relação à língua de Odorico. Assim, a opção pela tradução com sabor clássico de Odorico, e não por uma mais moderna, teria a vantagem adicional, para além de sua força poética intrínseca, de nos colocar em uma atmosfera semelhante à do público habitual de Homero à época dos grandes concursos de homeristas. As multidões que acorriam a esses concursos, ao contrário de nós, não se sentiam constrangidas pela dificuldade linguística dos poemas. Isso se devia ao fato de que, desde a infância, conviviam com a linguagem de seu poeta maior. O hábito e a familiaridade cultural com um poeta já então "clássico" e um tanto "erudito" tornavam-no popular, a despeito de sua complexidade. Dessa constatação, é possível tirar uma lição valiosa: não há obra intrinsecamente difícil, assim como não há língua que não se possa aprender. Octavio Camargo mencionou inúmeras vezes as crianças chinesas, que dominam com perfeição uma língua para nós quase impossível. Tudo é uma questão de convivência. E de acesso. Sob essa ótica, o problema da educação para e pela poesia é redimensionado: em vez de perdermos tempo pensando em estratégias facilitadoras, mister é formarmos um público habituado ao fato de que, diante das verdadeiras obras de arte, precisamos proceder como quem aprende uma língua estrangeira sem dicionário. Quanto mais vezes somos expostos a essa língua em seus próprios termos, mais seremos capazes de compreendê-la e, assim, fruí-la. No fundo, portanto, a disputa entre o erudito e o popular, ou entre o teatro dito experimental e o teatro dito comercial, não tem como ser decidida em termos objetivos (qual teatro seria essencialmente melhor) nem em termos subjetivos (do que a maioria das pessoas gosta). Precisa ser decidida em termos políticos. Quanto mais o Estado garantir o acesso do público a obras formalmente mais exigentes, menos elas serão experimentadas subjetivamente como impenetráveis. E assim, em algum momento, a distinção entre o erudito e o popular deixará de fazer sentido. Só por esse caminho indireto a ideia de "popularização dos clássicos" é louvável. Os caminhos diretos são, nesse caso, um rebaixamento tanto dos próprios clássicos quanto de seu possível público.

A segunda informação está intimamente associada à primeira. Diz respeito ao reconhecimento, por parte dos próprios gregos da época clássica, de que o hábito apenas não seria o suficiente. Esse reconhecimento está ligado às funções do rapsodo, protagonista dos concursos de homeristas que levavam multidões aos teatros, performers no sentido mais contemporâneo do termo, verdadeiros popstars. Íon, imortalizado no diálogo homônimo de Platão diversas vezes citado por Octavio Camargo em seus prólogos, foi um deles. Na cultura grega, o rapsodo era o intérprete dos poemas épicos, que conhecia de cor. Protoator que fazia todos os papéis, o rapsodo servia também de "explicador" das passagens mais obscuras dos poemas a um público que já se encontrava distante no tempo de sua fonte original, sendo por isso aparentado aos sofistas e, como eles, alvo dos ataques de Platão. No diálogo *Íon*, o filósofo procura demonstrar que os rapsodos, justamente porque falavam por "possessão divina", eram capazes de produzir discursos de grande beleza, mas não possuiriam verdadeiros conhecimentos sobre aquilo de que falavam — essa acusação é bastante grave se levarmos em conta que, como intérpretes dos poemas épicos e sobretudo de Homero, o "pedagogo da Grécia", eles eram em larga medida responsáveis pela educação do povo, posto pretendido pela *nouvelle vague* dos recém-surgidos filósofos.

Independentemente do contexto da disputa entre Platão, os sofistas e os poetas miméticos, o fato é que, na Grécia do período clássico, quando a língua de Homero já soava distante, a "interpretação" de Homero resguardava dois sentidos complementares: era a interpretação no sentido teatral e musical do termo, pensada como atualização performática de obras preexistentes; mas era também a interpretação no sentido de explicação, que pressupunha a consciência, por parte do artista, de que o nível de consciência de seu público exigia, para além do espetáculo cênico, alguma forma de mediação discursiva que tornasse mais potente a palavra dos poetas.

Curiosamente, por mais que eu tenha insistido ao longo deste ensaio na homenagem feita por Octavio Camargo à inteligência de seu público ao recusar, em sua encenação dos dez cantos, quaisquer procedimentos redutores da complexidade de Homero, obrigando o público a conviver com a estranheza do clássico nos seus próprios termos e construindo um dispositivo cênico tão apolíneo quanto a própria poesia homérica, é digno de nota que, ao menos nas apresentações realizadas no Festival de Curitiba, o próprio diretor tenha sentido a necessidade de uma mediação discursiva prévia aos cantos. Se tomarmos os rapsodos clássicos como paradigma, a estratégia de Octavio Camargo foi a de apostar em uma divisão do trabalho rapsódico: os atores ficaram responsáveis pela interpretação como apresentação performática e o próprio diretor ficou responsável pela interpretação como mediação discursiva. Evidentemente, o contraste dos estilos salta à vista, já que o rigor que dirige as atuações destoa da simpática informalidade do próprio diretor.

Como se trata de um trabalho ainda em processo, eu arriscaria duas sugestões opostas: ou bem o diretor permanece fiel à sua pulsão rapsódica no sentido de construir para si próprio um dispositivo cênico que enquadre com maior rigor os seus prólogos; ou bem, cedendo à mesma pulsão rapsódica e mimetizando talvez o duplo trabalho dos antigos rapsodos, transfere para os próprios atores a responsabilidade pela mediação discursiva dos aspectos mais obscuros de seus respectivos cantos.

Em todo caso, uma coisa parece certa: em encenações contemporâneas de Homero, investir numa reatualização da figura do rapsodo que contemple ambos os aspectos de sua função original é algo sumamente desejável. Tendo em vista a elogiável radicalidade na opção pela tradução de Odorico Mendes, eu diria que as duas metades complementares deste trabalho apontam na direção de uma crítica que não se esgote apenas na imanência das opções cênicas, mas que, sem medo de uma discursividade mais solta e próxima da linguagem do presente, assuma que, em se tratando dos clássicos, a autonomia da obra de arte não é ferida pela incorporação explícita da crítica ao texto originário. Uma incorporação que, não podendo se confundir com as facilitações metalinguísticas contemporâneas, ainda está por ser inventada. Se algum diretor brasileiro possui as ferramentas necessárias para essa reinvenção madura da figura do rapsodo, esse diretor é Octavio Camargo.

Iluminando o problema da autonomia da obra de arte — *Breu*[1]

> Para Proust, não se trata de escrever um romance de impressões seletas e felizes, mas sim de enfrentar, por meio da atividade intelectual e espiritual que o exercício da escrita configura, a ameaça do esquecimento, do silêncio e da morte. Em outras palavras, não é a sensação em si (o gosto da madeleine e a alegria por ele provocada) que determina o processo da escrita verdadeira, mas sim a elaboração dessa sensação, a busca espiritual de seu nome originário, portanto a transformação, pelo trabalho da criação artística, da sensação em linguagem, da sensação em sentido.
>
> Jeanne Marie Gagnebin,
> *O rumor das distâncias atravessadas*

Dentre os principais problemas da estética, talvez o mais importante seja o problema da autonomia da obra de arte, fundamental para o surgimento da estética em sentido moderno, como disciplina filosófica distinta da ontologia e da ética. Se, na Antiguidade e na Idade Média, o valor das obras era determinado com base em sua capacidade de desempenhar mais ou menos satisfatoriamente funções religiosas, políticas ou educativas, na Modernidade as obras passam a ser pensadas como tendo o seu fim — e a sua lei (*nómos*) — em si mesmas (*autós*). Na *Crítica da faculdade de julgar*, de Kant, encontra-

---

1. Texto publicado originalmente no dia 30 de julho de 2013 na revista *Questão de Crítica*.

mos a célebre articulação entre arte e desinteresse. As obras de arte passam a valer tão somente pela sua capacidade de nos propiciar um prazer desinteressado, isto é, um prazer que não é mais condicionado nem por nossos interesses teóricos nem por nossos interesses práticos. Belas não serão mais as obras que servem à nossa vontade de conhecer melhor o mundo, nem tampouco aquelas que fornecem modelos para a boa conduta dos seres humanos, mas tão somente aquelas que, pela lei de sua forma, são capazes de nos dar muito a pensar, sem que possamos encontrar um conceito determinado que explique a causa da atração que elas despertam. Nos termos de Kant, as verdadeiras obras de arte desencadeiam um "jogo livre entre a imaginação e o entendimento", um jogo no qual o entendimento tenta dar um sentido às múltiplas imagens sensoriais produzidas pelas obras, sem jamais ser inteiramente bem-sucedido. A riqueza sensorial (ou sensacional) das obras sempre transborda para além dos sentidos (ou conceitos) eventualmente encontrados, e o jogo precisa recomeçar, sendo potencialmente infinito. Se a busca do sentido eternamente prometido pelas obras, mas jamais encontrado definitivamente por seus espectadores, é a fonte dos prazeres propriamente estéticos, compreende-se como é possível diferenciar uma obra de arte de uma mercadoria cultural: estas últimas, para tornarem-se vendáveis, devem produzir um prazer facilmente reconhecível, familiar, uma sensação que cabe em um sentido, ao passo que as primeiras sempre escapam por entre os nossos dedos quando pensamos tê-las apreendido. Dessa concepção da própria natureza da arte, surge o problema da autonomia da obra de arte, o problema das possíveis relações entre a realidade que configura o mundo das obras (sempre inapreensível segundo critérios unicamente extraestéticos) e "o mundo lá fora" (onde as coisas têm nomes e sentidos familiares). Se, por um lado, é indiscutível que houve uma valorização da arte quando ela se tornou autônoma, autossuficiente, independente das funções sociais que porventura possa desempenhar, por outro lado o seu significado existencial torna-se opaco quando sua utilidade (para o conhecimento e a moral) deixa de ser um critério para pensar o seu valor. Como é possível afirmar a autonomia da obra de arte sem condená-la a mero passatempo de "eruditos ociosos nos jardins do saber" (Nietzsche), sem simplesmente cortar seus laços com o mundo que nos circunda, sem convertê-la em puro entretenimento?

Essas questões são formuladas (e respondidas) com clareza por *Breu*, peça escrita por Pedro Brício e dirigida por Maria Silvia Siqueira Campos e Miwa Yanagizawa, que recentemente cumpriu nova e curta temporada no Galpão Gamboa. Logo ao entrar no teatro, o espectador é envolvido no breu que dá nome à peça. Durante longos minutos, incapazes de vermos o que quer que seja — trata-se de uma experiência sensorial de rara potência, mais comum nas artes plásticas do que no teatro, a ponto de um espectador ter passado mal no dia em que fui assistir à peça, que teve de ser interrompida para que ele fosse retirado da sala —, somos forçados a entrar em uma outra dimensão, a cortar nossas relações com o mundo circundante, a mergulhar no universo (autônomo!) instaurado pela obra, no universo que é a obra.

Tudo é escuridão e, ao mesmo tempo, vontade de enxergar. A princípio, começamos a enxergar apenas com os ouvidos. Alguns barulhos, que só a custo identificamos, traem a presença de alguém em cena, manipulando objetos que não vemos, e assim amplificando nossa inquietude. Finalmente, depois de um tempo que parece muito mais longo do que nos diria a cronologia vulgar — até o tempo da obra é autônomo em relação ao tempo dos relógios e das folhinhas... —, ouvimos uma voz de mulher. Ela diz um texto cujo sentido, em sua trivialidade, demoramos a discernir. Por causa da escuridão do teatro, de nossa ânsia por ver e compreender, já aquelas primeiras palavras, em si mesmas corriqueiras, nos aparecem como prenúncio de algo ameaçador — no mínimo, de um enigma a decifrar. Esse misto de enigma e ameaça constitui o próprio tecido de que a peça é feita, uma atmosfera que em nenhum momento se desfaz. "*It's a strange world*", diria um personagem de David Lynch.

Acostumados, mais ou menos inconscientemente, com algumas regras dramatúrgicas raramente negligenciadas, os espectadores podem acalentar a esperança de que a apresentação dos personagens, de seus dramas individuais, de suas motivações acabará por lançar luz nas trevas. Assim, a angústia produzida pelos minutos iniciais de *Breu* vai sendo rapidamente aplacada pela esperança de um sentido, uma luz no fim do túnel. Nos minutos iniciais, desenha-se de modo ainda imperceptível na cabeça dos espectadores qual provavelmente será o arco dramático da peça: do mais profundo breu à mais intensa claridade.

Ocorre que a apresentação dos personagens não satisfaz a nossa esperança inicial. Quando a primeira luz é acesa, estamos diante de uma mulher mais velha (Kelzy Ecard), vestida com roupas simples, que trabalha em sua cozinha e que, no escuro, havia sido a fonte dos barulhos dificilmente discerníveis dos minutos iniciais. Essa mulher mais velha recebe a visita de uma outra mais nova (Natalia Gonsales), cujo suposto nome, Aurora, fortalece a promessa de sentido feita pela obra. É Aurora que, depois de uma hesitação que a princípio nos parece incompreensível, pergunta se a dona da casa não teria algumas velas e, depois da resposta irônica da outra — algo como "Ah, minha filha, por que você demorou tanto a pedir luz?"—, começa a acender os primeiros fachos em meio à escuridão. O enredo também começa a se esclarecer, ainda que de forma ironicamente pouco clara. Aurora viera até a casa da senhora mais velha ajudá-la a cozinhar, a preparar um cachorro-quente. Chegara lá ao cair da noite, por volta das oito ou nove horas, e a falta de luz no bairro seria a causa da escuridão. Como só depois da metade da peça cheguei a compreender, a senhora mais velha era cega e por isso se deslocava e realizava com tamanha desenvoltura as tarefas domésticas mesmo em meio ao breu. Dada a desenvoltura da primeira, não chegamos a compreender por que ela precisaria da ajuda de Aurora, mas logo ficamos sabendo que esta receberia um pagamento por seu trabalho. Tampouco chegamos a compreender de imediato qual seria a história da relação entre as duas, mas logo somos informados de que aquela era a primeira visita de Aurora àquele bairro afastado da cidade. Uma amiga, que pretensamente conhecia uma costureira da vizinhança, teria dado as indicações necessárias para Aurora. A velha, entretanto, coloca em questão a existência da tal costureira, tornando ambíguas todas as palavras de Aurora, que, desde o início, é posta sob suspeita, como se sua disponibilidade para ajudar na preparação do cachorro-quente fosse mero pretexto para a realização de desígnios ameaçadores. Quem era Aurora? O que de fato estaria fazendo ali?

A sensação de insegurança é amplificada quando uma notícia no rádio subitamente redesperto — provisoriamente, a luz do bairro volta a funcionar — localiza a ação no tempo histórico: estamos no início da década de 1970, no Rio de Janeiro, em meio à fase mais terrorista da ditadura brasileira, em que os "inimigos do regime", tratados como criminosos de guerra, eram torturados e assassinados nos porões do "poder oficial". Subitamente, a articulação entre a volta (apenas provisória) da luz e o redespertar do rádio restaura a relação entre o mundo autônomo da peça e o "mundo lá fora". Transfigurada em elemento formal, no entanto, a realidade histórica apenas adensa a sensação de insegurança produzida pela própria encenação, que, apesar de se apropriar desse elemento extraestético, não descamba para um realismo ingênuo, continuando a operar naquela zona fronteiriça entre a sombra e a luz, as sensações e o sentido, a cegueira (da protagonista, dos espectadores com ela identificados e, simbolicamente, dos brasileiros em meio à ditadura) e a vontade de enxergar, de finalmente despertar daquele mundo onde tudo é pesadelo e noite escura.

A contextualização histórica da ação lança mais sombra sobre a figura de Aurora. Se, a princípio, não entendíamos por que cargas-d'água ela viera ajudar uma velha cega a preparar um cachorro-quente — motivo que beira o surrealismo —, agora começamos a suspeitar que ela possa ser uma agente da ditadura, infiltrada na casa daquela senhora indefesa — até o seu cão-guia estava doente, outra analogia entre o mundo da peça e a situação brasileira à época — com o intuito de obter informações sobre os militantes contrários ao regime. Essa suspeita se amplifica quando (1) a velha lhe pergunta se ela tem noção do que é ser violada, índice de que a própria senhora já teria conhecido pessoalmente os porões da ditadura, e (2), fingindo ter ido embora, Aurora permanece à espreita num canto da cozinha, a tempo de ouvir o telefonema que a velha recebe do irmão, militante procurado pela polícia, que a incita a sair imediatamente de casa, na qual estaria escondido "material subversivo" que poderia custar a vida da velha senhora.

Com o pretexto de ter esquecido alguma coisa, Aurora novamente anuncia a sua presença, e agora a velha, inquieta, manifesta abertamente a suspeita de que ela a estaria vigiando, com a ajuda de um parceiro ameaçador que teria permanecido do lado de fora da casa. Construídas as possíveis motivações das personagens, a peça teria um desfecho lógico se terminasse com o anúncio da prisão da velha senhora. Um desfecho lógico e claro.

Mas, felizmente, não é isso o que acontece. Pedro Brício e a dupla de diretoras permanecem fiéis à definição kantiana das verdadeiras obras de arte. Em vez de apascentar os espectadores de *Breu* com um sentido fechado, nos minutos finais da peça, quando a aurora do dia seguinte ao da noite escura em que transcorrera toda a ação finalmente chega, marcada pela discreta iluminação do cenário no quintal da casa da velha, as personagens retomam o texto que servira de fio condutor para o embate entre as protagonistas, subvertendo ainda uma vez o seu sentido. Se *Breu*, como peça eminentemente sensorial, se aproxima da música, é porque se constrói como uma série de variações em torno de um mesmo tema. O tema: a narrativa de Aurora de sua viagem de ônibus até a casa da velha, passando por locais abandonados, sempre observada por um homem sentado no fundo do ônibus. As variações: (1) o homem seria um agente do regime, que poderia estar seguindo Aurora até ali, com o intuito de prender ambas as mulheres; (2) o homem seria o parceiro de Aurora, que teria ficado do lado de fora da casa, enquanto ela, sendo mulher, teria mais chances de arrancar da cega as informações necessárias, antes da inevitável prisão; e, finalmente, (3) o homem seria apenas um galanteador, interessado nos dotes físicos de Aurora, ficando assim esvaziado o contexto histórico particular que dera à peça sua densidade e seu caráter ameaçador.

Depois que Aurora levanta essa última interpretação, a peça termina com a tênue luz da aurora emoldurando uma improvável conversa de alcova entre as duas mulheres, irmanadas pelo gosto de uma tensão que passa a ser erótica, e não mais política. O espectador, entretanto, depois de ver as suas expectativas de sentido tantas vezes derrubadas, já sabe que tampouco aquela última interpretação (ou variação) pode ser simplesmente tomada como a verdadeira, como o sentido último da obra. Se a peça, dadas as limitações contingentes de tempo e espaço, se interrompe e tem uma duração cronológica finita, a reflexão que ela propicia é potencialmente infinita, iluminando desde dentro as complexas relações entre arte e sociedade, entre a autonomia de obras que não fazem concessões à sanha de sentido de espectadores submetidos à ditadura do mecanismo de identificação e as inevitáveis relações que mesmo as obras formalmente mais herméticas ainda assim guardam com as realidades sociais e históricas que constituem o "mundo lá fora", o que lhes permite preservar o seu alcance existencial, ético e político.

Ensaio de descolonização do pensamento — *Colônia*[1]

> Bem te conheço, voz dispersa
> nas quebradas,
> manténs vivas as coisas
> nomeadas.
> Que seria delas sem o apelo
> à existência,
> e quantas feneceram em sigilo
> se a essência
> é o nome, segredo que recolho
> para gerir o mundo no meu verso?
> para viver eu mesmo de palavra?
> para vos ressuscitar a todos, mortos
> esvaídos no espaço, nos compêndios?
>
> Carlos Drummond de Andrade,
> "As palavras e a terra"

A mesura e o infamiliar

Ao entrar na sala de aula, o professor faz uma mesura exagerada. Dobra o corpo e leva o peito quase até o chão, como um bailarino. Ou uma garça. Já vi esse gesto em algum lugar, mas ele parece totalmente deslocado naquela situação prosaica. Eu próprio sou professor. Em vinte anos de profissão, não me lem-

---

1. Texto publicado originalmente no dia 3 de setembro de 2018 na revista *Questão de Crítica* e posteriormente republicado no livro *Colônia*, de Gustavo Colombini (São Paulo: GLAC, 2019), em edição bilíngue, juntamente com o texto da peça.

bro de alguma vez ter feito uma mesura dessas diante dos meus alunos. Tampouco me lembro de qualquer professor, dentre as dezenas ou centenas que já tive, fazendo uma mesura dessas. Se o cenário — uma sala de aula com um quadro-negro ao fundo, uma cadeira e uma pequena mesa em primeiro plano — era a princípio de todos o mais familiar (Freud diria: *heimlich*), com uma leve torção (do corpo!) ele se torna imediatamente estranho, infamiliar (*unheimlich*). Lembra daquele *travelling* penetrando na grama perfeitamente verde de uma pequena e organizada cidade do interior no início de *Veludo azul*, de David Lynch? Lembra que ele termina com a imagem de uma orelha humana decepada? Lembra dessa orelha sendo invadida por uma gigantesca e a princípio invisível colônia de insetos?

A sede e os silêncios

O professor enche o seu copo de água. Um gesto trivial. Uma ação meramente utilitária. As palavras, como as flores, também sentem sede. A língua, sem a devida lubrificação, murcha. A língua é um órgão sexual importante. A fala só é possível quando algumas condições materiais mínimas são satisfeitas. E, sempre o souberam os poderosos de todos os tempos, não é tão difícil assim *insatisfazê-las*. Na ausência dessas condições, reina (ou resta) o silêncio. Não o silêncio do elogio de Mallarmé à página em branco, não o silêncio meditabundo dos retiros espirituais da moda. Mas o silêncio do trauma. O silêncio das máscaras de Flandres. O silêncio dos choques.

O silêncio eloquente dos silenciados. O silêncio dos suicidados pela sociedade, como o Van Gogh de Artaud.

O professor dirá, muito mais tarde, já em tom de conclusão: "Falar é existir. Isso aqui é uma maneira de existir. Se me silenciarem de novo, eu vou deixar de existir. Como fizeram todos eles."

Antes de Babel

Está lá no Evangelho de João: "No princípio era o verbo. E o verbo estava com Deus, e o verbo era Deus." São João escrevia em grego: chamava o verbo de *lógos*. *Lógos*: o nome da palavra em ação. O nome do verbo. O nome do nome. Sim, no princípio era a palavra. E a palavra era Deus. E Deus, único ser cuja essência inclui a existência, e que por isso não pode morrer, nem nascer, mas só ser, como numa canção de Gilberto Gil, Deus, esse *actus purus*, estava em todas as coisas. E falava uma língua familiar. Tudo, aliás, falava uma língua familiar, uma língua que Eva e Adão, na sua nudez, na sua mudez, compreendiam perfeitamente. A gente faz amor por telepatia.

Mas isso foi no princípio. Antes da vergonha. Antes da Queda. Antes de Babel. Antes da expulsão do paraíso e da explosão das línguas. Antes do surgimento do problema da comunicação. Antes das intermináveis DRs.

Depois de Babel, a natureza deixou de ser Deus, ou língua materna, e tornou-se enigma. Instrumento (ou excremento) de comunicação.

A definição mesma da dor de ser moderno em uma frase: "A natureza é o hieróglifo da divindade cuja chave se perdeu."

"Aquilo que sonhamos é qualquer coisa que já tivemos", diz o professor.

A (re)volta (im)possível

Mas é possível voltar?
Digamos que seja.
As religiões todas acreditam nisso.
Mas o que temos nós a ver com religiões?
Nossa pergunta não é essa.
Não pode ser.
Formulemos melhor.
É desejável voltar?
Se sim, desejável para quem?
E voltar como?
"Olha para a frente, menino", diz o professor.
Então a tarefa é voltar olhando para a frente?
Seria esse o sentido de re-voltar?

O transbordamento

O professor enche o seu copo de água. Estamos em um teatro, logo o professor deve ser um ator. Mesmo que não estivéssemos em um teatro, todo professor não tem um quê de ator? Não importa. Trata-se de um homem barbudo, com uma camisa social que logo estará molhada de suor, um paletó que é o figurino universal do professor europeu, a camisa para dentro da calça, sapato social. Os signos não poderiam ser mais claros. Do meu lado, Roland Barthes boceja. Qualquer um reconheceria de imediato esse personagem, ele me cochicha. Não, eu retruco. A mesura exagerada me perturba. Ela estabelece uma zona de indiscernibilidade entre o professor e o ator, o personagem e o performer, o jogo da ficção e o jogo da realidade. Em poucos segundos, a máquina de decifrar signos que alguns preferem chamar de "eu" começa a se aquecer. O suor do professor-ator me afeta. Sinto sede.

O professor enche o seu copo de água. Estou em casa, também costumo fazer isso antes de começar as aulas. Só que... Espera aí. O gesto é novamente infamiliar. A distância entre a jarra com a água que ele vai derramando dentro do copo e o próprio copo é muito maior do que seria necessário sob um ponto de vista meramente utilitário. Parece aquela performance de Eleonora Fabião, que passa a água de um jarro para o outro até ela evaporar. Mas aqui a mágica é outra. A ênfase está menos no gesto visível do que no som. O som da água lentamente enchendo o copo é amplificado pela distância artificial entre a origem e o destino do líquido que flui. Caberia aqui uma onomatopeia. Onomatopeia. (*Onoma* em grego é "nome". *Topeia* eu não sei.)

O som da água enchendo o copo preenche a sala. O corpo todo do ator é uma só tensão. Mas o copo é uma medida ineficaz. O professor ignora o limite estabelecido por ele. A água começa a transbordar. O copo sua, a mesa sua, minha axila sua.

Antes que tudo fique inundado, o performer interrompe o gesto. Deposita a jarra sobre a mesa, do lado do copo. Mas o som continua. Amplificado pelas caixas do teatro, instaura-se uma dissonância entre o que se vê e o que se ouve. O som continua. O copo segue transbordando. Onomatopeia. Neste momento em que escrevo, evocando o que vi dois meses atrás no Festival de Curitiba, ainda ouço o som da água transbordando. Sinto e sei que o som dessa água fluindo e escapando do recipiente que deveria contê-la é a metáfora central do espetáculo.

Filosofia da linguagem

Colônia é um nome que não cabe em si. Nenhum nome, aliás, cabe em si. Nessa universalização, que parte de um nome específico para revelar a essência do nome em geral, resume-se toda a filosofia da linguagem do espetáculo. Os resumos são enganosos, eu sei, mas o medo do erro é o medo da verdade. Errar é, desde os gregos, a ação de percorrer labirintos.

Eu, que esperava ver uma peça de teatro, e logo me surpreendi assistindo à preparação de uma aula, que ainda poderia caber nesse copo com o rótulo "peça-palestra", de repente ouço esse copo e esse corpo transbordarem — ainda está para ser escrita a metafísica do suor no teatro... Mais que uma peça, mais do que uma aula, mais do que uma peça-aula, *Colônia* é para mim, a despeito da ineficácia dos inevitáveis rótulos, uma peça musical. Variações em torno de um mesmo tema, de uma palavra — "colônia" — tornada mote inspirador.

Não o triunfo da vontade. Não o triunfo da lei e da ordem. Não o triunfo da metrópole. Não o triunfo da ciência e da lógica. Mas um triunfo outro. O triunfo do inconsciente. O triunfo do significante, do som que sempre transborda para além dos significados usuais. A apologia da metáfora como origem da linguagem.

Verdade e mentira no sentido extramoral: excurso nietzschiano

O que é uma palavra? A transposição sonora de uma excitação nervosa. Mas derivar de uma excitação nervosa uma causa primeira exterior a nós, isso já é uma aplicação falsa e injustificável do princípio da razão. Se a verdade tivesse sido o único fator determinante na gênese da linguagem e se a certeza fosse a fonte dos nomes, como teríamos então o direito de dizer, por exemplo, que esta pedra é dura, como se conhecêssemos o sentido de duro de outro modo que não fosse apenas por meio de uma excitação totalmente subjetiva? Classificamos as coisas segundo os gêneros, designamos o céu como masculino e a planta como feminino: que transposições arbitrárias! A que ponto estamos afastados do cânone da certeza! Falamos de uma serpente: a designação alcança somente o fato de se contorcer, o que poderia convir igualmente ao verme. Que delimitações arbitrárias, que parcialidade é preferir ora uma ora outra propriedade de uma coisa! As diferentes línguas, quando comparadas, mostram que as palavras nunca alcançam a verdade, nem uma expressão adequada; se fosse assim, não haveria efetivamente um número tão grande de línguas.

A coisa em si, enquanto objeto para aquele que cria uma linguagem, permanece totalmente incompreensível e absolutamente indigna de seus esforços. A linguagem designa somente as relações entre os homens e as coisas e, para exprimi-las, ela pede o auxílio das metáforas mais audaciosas. *Transpor uma excitação nervosa numa imagem! Primeira metáfora. A imagem por sua vez é transformada num som! Segunda metáfora. A cada vez, um salto completo de uma esfera para outra completamente diferente e nova.*

Acreditamos possuir algum saber sobre as coisas propriamente, quando falamos de árvores, cores, neve e flores, mas não temos entretanto aí mais do que metáforas das coisas, as quais não correspondem absolutamente às entidades originais. O X enigmático da coisa em si é primeiramente captado como excitação nervosa, depois como imagem, afinal como som articulado. A gênese da linguagem não segue em todos os casos uma via lógica, e o conjunto de materiais que é, por conseguinte, a base a partir da qual o homem da verdade, o pesquisador, o filósofo, trabalha e constrói, se não provém de Sirius, jamais provém em todo caso da essência das coisas.

Pensemos ainda uma vez, particularmente, na formação dos conceitos: toda palavra se torna imediatamente conceito, não na medida em que tem necessariamente de dar de algum modo a ideia da experiência original única e absolutamente singular a que deve o seu surgimento, mas quando lhe é necessário aplicar-se simultaneamente a um sem-número de casos mais ou menos semelhantes, ou seja, a casos que jamais são idênticos estritamente falando, portanto a casos totalmente diferentes. *Todo conceito surge da postulação da identidade do não idêntico.* Assim como é evidente que uma folha não é nunca completamente idêntica a outra, é também bastante evidente que o conceito de folha foi formado a partir do abandono arbitrário destas características particulares e do esquecimento daquilo que diferencia um objeto de outro. [...]

O que é, portanto, a verdade? Uma multidão móvel de metáforas, metonímias e antropomorfismos; em resumo, uma soma de relações humanas que foram realçadas, transpostas e ornamentadas pela poesia e pela retórica e que, depois de um longo uso, pareceram estáveis, canônicas e obrigatórias aos olhos de um povo: as verdades são metáforas gastas que perderam a sua força sensível, moeda que perdeu sua efígie e que não é considerada mais como tal, mas apenas como metal.

Enquanto toda metáfora da intuição é particular e sem igual, escapando sempre portanto a qualquer classificação, o grande edifício dos conceitos apresenta a estrita regularidade de um columbário romano, edifício de onde emana aquele rigor e frieza da lógica que são próprios das matemáticas. Aquele que estivesse impregnado desta frieza hesitaria em crer que mesmo o conceito duro como o osso e cúbico como um dado e como ele intercambiável acabasse por ser somente o resíduo de uma metáfora e que a ilusão própria a uma transposição estética de uma excitação nervosa em imagens, se não era a mãe, era entretanto a avó de tal conceito. [...] *O homem conseguiu erigir uma catedral conceitual infinitamente complicada sobre fundações movediças, de qualquer maneira sobre água corrente.* Na verdade, para encontrar um ponto de apoio em tais fundações, precisa-se de uma construção semelhante às teias de aranha, tão fina que possa seguir a corrente da onda que a empurra, tão resistente que não se deixe despedaçar à mercê dos ventos. Enquanto gênio da arquitetura, o homem supera em muito a abelha: esta constrói com a cera que recolhe da natureza, o homem o faz com a matéria bem mais frágil dos conceitos que é obrigado a fabricar com seus próprios meios. [...]

Foi somente o esquecimento desse mundo primitivo das metáforas, foi apenas a cristalização e a esclerose de um mar de imagens que surgiu originariamente como uma torrente escaldante da capacidade original da imaginação humana, foi unicamente a crença invencível em que este sol, esta janela, esta mesa são verdades em si, em suma, foi exclusivamente pelo fato de que o homem esqueceu que ele próprio é um sujeito e certamente um sujeito atuante criador e artista, foi isto que lhe permitiu viver beneficiado com alguma paz, com alguma segurança e com alguma lógica. [...]

Mas o próprio homem tem uma invencível tendência para se deixar enganar e fica como que enfeitiçado de felicidade quando o rapsodo lhe recita, como se fossem verdades, os contos épicos, ou quando um ator desempenhando o papel de um rei se mostra mais nobre no palco do que um rei na realidade. *O intelecto, esse mestre da dissimulação, está aí tão livre e dispensado do trabalho de escravo que ordinariamente executou durante tanto tempo que pode agora enganar sem trazer prejuízo; ele festeja então suas saturnais e não é mais exuberante, mais rico, mais soberbo, mais lesto e mais ambicioso senão aí. Com um prazer de criador, lança as metáforas desordenadamente e desloca os limites da abstração a tal ponto que pode designar o rio como o caminho que leva o homem aonde ele geralmente vai.* Ele está livre então do *sinal da servidão*: empenhado habitualmente na sombria tarefa de indicar a um pobre indivíduo que aspira à existência o caminho e os meios de alcançá-lo, extorquindo para o seu senhor a presa e o produto do saque, ele agora tornou-se o senhor e pode então apagar do rosto a expressão da indigência. Tudo o que faz daí por diante, comparado com a maneira como agia antes, envolve a dissimulação, assim como o que fazia antes envolvia a distorção. Ele imita a vida do homem, mas a toma por uma boa coisa e parece estar com isso verdadeiramente satisfeito. *Esta armadura e este chão gigantesco dos conceitos, aos quais o homem necessitado se agarra durante a vida para assim se salvar, não é para o intelecto liberado senão um andaime e um joguete para suas obras de arte mais audaciosas; e quando ele o quebra, o parte em pedaços e o reconstrói juntando ironicamente as peças mais disparatadas e separando as peças que se encaixam melhor, isto revela que ele não precisa mais daquele expediente da indigência e que não se encontra mais guiado pelos conceitos, mas pelas intuições.* Nenhum caminho regular leva dessas intuições ao país dos esquemas fantasmagóricos, ao país das abstrações: para aquelas, *a palavra ainda não foi forjada; o homem fica mudo quando as vê, ou só fala por metáforas proibidas* e por encadeamentos conceituais até então inauditos, para responder de maneira criativa, pelo menos pelo escárnio e pela destruição das velhas barreiras conceituais, à impressão que dá o poder da intuição atual.[2]

---

2. Nietzsche, F. "Verdade e mentira no sentido extramoral", 1873. In: *Comum*, Rio de Janeiro, v. 6, nº 17, pp. 5-13, jul.-dez. 2001. Tradução de Noéli Correia de Melo Sobrinho, com modificações e grifos meus.

Metacrítica

Sei que abuso da paciência do leitor com uma citação tão longa. Poderia me justificar dizendo que, às vezes, as citações funcionam como *readymades*. Ou, no caso deste ensaio em particular, como os recortes de jornal ou pedaços da vida real que Braque e Picasso começaram a utilizar em suas colagens, início da ruptura da bidimensionalidade do quadro. Mas essas justificativas pedantes não seriam sinceras. Por mais que eu defenda uma estética aplicada que se recusa a reduzir o novo ao velho, o outro ao mesmo, uma experiência artística singular a mero simulacro de uma filosofia canônica, ainda assim preciso confessar que, assistindo à peça *Colônia*, o parentesco radical entre o experimento realizado pelo trio Renato Livera-Vinicius Arneiro-Gustavo Colombini e a filosofia da linguagem do jovem Nietzsche me apareceu como um fato (ou um fado) incontornável — e, claro, pouco importa se os autores tinham consciência disso ou não.

Para quem precisa de provas da legitimidade de uma associação livre, eis uma prova. O professor diz, possivelmente depois de ter lido o fragmento de Nietzsche citado acima, ou quiçá de ter ouvido uma palestra do dramaturgo argentino Rafael Spregelburd num *Ted Talk*: "O fim do mundo não é o fim do tempo. O fim do mundo é o fim das metáforas. Ao passo que atribuímos significado a todas as coisas, chegará o instante em que todas as coisas terão um significado. Quando todas as coisas tiverem um significado e o ser humano não puder mais treinar o seu pensamento para as metáforas, então ele se esvaziará. O fim do mundo não é o fim da humanidade. O fim do mundo é o fim das metáforas."

Pedagoginga

Por mais que eu tenha sentido o prazer de reconhecer um velho conhecido na obra desses três artistas, a verdade é que nunca tinha sentido no teatro um prazer semelhante ao que me tomou com o timbre e a velocidade da dicção encontrada por Renato, com seu tom virtualmente intraduzível na prosa deste ensaio. É preciso ver para crer. Ou crer para ver, na bela inversão da poeta Simone Brantes.

Renato Livera, o professor-ator-performer dos fragmentos anteriores, dizia cada palavra literalmente saboreando-a. Dizia as palavras lentamente, mas sem morosidade ou monotonia, num ritmo distante de qualquer naturalismo, mas também de qualquer solenidade. Desde que abriu a boca ainda tendo ao fundo o som da água a transbordar até o fim do espetáculo, era como se ele estivesse dizendo aquelas palavras pela primeira vez. Como se aquelas palavras nunca tivessem sido ditas. No teatro e fora dele. Ao contrário do que diz o texto de Gustavo Colombini, no caso de sua atuação, aliás indissociável da direção de Vinicius Arneiro, "o homem é sim uma medida eficaz". Me pareceu como se ali, em cena, ele estivesse descobrindo um jeito novo de traduzir em sons articulados uma experiência até então inominável. A primeira e a segunda metáfora de que fala Nietzsche em *Verdade e mentira no sentido extramoral*.

Era como se, em sua boca, Renato ainda mastigasse o fruto proibido, antes da irrupção do Deus castrador. O saber como sabor em estado bruto. O prazer de descobrir uma articulação onde antes havia apenas balbucios. A dignidade de não temer o caos, o absurdo, a ausência de sentido. A confiança em uma totalidade jamais dada *a priori*, mas a ser descoberta. A poesia como registro da realidade *in statu nascendi*, como na pintura de Cézanne aos olhos de Merleau-Ponty. Assisti a uma peça teatral, ou musical, em que o texto parecia nascer junto, em absoluta simultaneidade pulsativa, pulsional, com a realidade nomeada. O conhecimento em sua manifestação mais radical, fiel à própria etimologia latina da palavra: conhecimento como conascimento.

O fluxo e a dança das palavras não se materializavam apenas em sua dicção, mas no modo como ele usava o quadro-negro no fundo da cena. "É preciso ter ainda caos dentro de si para poder dar à luz uma estrela dançante." Professor-dançarino, o que talvez justifique a minha interpretação da sua mesura excessiva logo ao entrar em cena, ele ia riscando sobre o quadro fragmentos de palavras e imagens do que dizia, numa arquitetura aparentemente caótica, mas ciosamente orgânica, que traduzia também em letra o que tentava transpor sonoramente, em voz. A letra como imagem. Como marca. Rastro, vestígio, ruína. Imagem nascendo ali, diante de nós. Imagem nascendo ali, sem a coerção da lei, do sentido prévio, do ensinamento prescritivo, da mensagem, do dogma. Uma pedagogia toda feita de gesto e voz, sudorenta e transbordante. Por mais que os temas abordados fossem graves — o espetáculo parte do desejo de abordar a normalização e a aniquilação dos corpos nas colônias manicomiais e penais, como a Colônia de Barbacena ou a Colônia Juliano Moreira, e amplia essa reflexão para uma descrição da Cultura como Colonial — o "como" da dicção se sobrepunha ao "quê" tematicamente visado. A invenção de metáforas como puro movimento, como afirmação radical de que o percurso trans-positivo é tudo o que importa, para além dessas duas abstrações que são o ponto de partida (o original, o texto, o tema) e o produto (a tradução, a performance, a obra).

Em suma: a peça *Colônia* é a imagem mesma da pedagoginga, na bela expressão do poeta e dramaturgo Allan da Rosa.

Associação livre

Dramaturgicamente, é interessante evocar no fim deste ensaio o nome que aparece em seu fragmento inicial: Sigmund Freud. Para além da estranheza (*Unheimlichkeit*), característica das experiências estéticas dignas deste nome, provocada pela desnaturalização na articulação de cada palavra dita ao longo da peça e pelo imperativo de salvar a linguagem de seu rebaixamento a mero "instrumento de comunicação", de normalização do sentido, de transmissão de conteúdos ou mensagens, o pai da psicanálise aparece também como muso inspirador na construção da dramaturgia.

O texto de Gustavo Colombini obedece estritamente ao princípio da associação livre: guiado pela sonoridade de algumas palavras recorrentes, sendo colônia o significante-mestre, ele costura os fragmentos de seu texto privilegiando a necessidade de construir massas sonoras e semânticas articuladas por associações a princípio disparatadas — os insetos sociais, a pornografia, os alpinistas, os loucos, os mortos, a cultura, a lei do copyright, os silenciados, os poetas, os amantes. Ao deixar de lado critérios impostos socialmente, o autor faz emergir algo outro. Se, a princípio, como Freud recomenda a seus analisandos, ele diz (1) o que vem à cabeça a partir da sonoridade das palavras que mobiliza e de suas infinitas possíveis associações; (2) o que não parece importante; (3) o que não parece fazer sentido; (4) e o que é vergonhoso, ao fim da sessão tudo tende a se articular. Não sabemos bem como, não somos capazes de linearizar a ordem dos fatores — o quadro-negro que restaria como vestígio é ao fim apagado pelo professor, legando-nos o gostoso exercício de reconstruí-lo por conta própria, mantendo as palavras e as coisas naquele estado de latência anterior à sua fixação em conceitos apaziguadores —, mas sabemos que há alguma promessa de felicidade neste trabalho que nos é legado: o trabalho de associarmos livremente nossas próprias impressões e associações com o fito de, quem sabe, produzirmos nós próprios algum tipo de alter-ação — em nós, é certo, mas mediatamente também no mundo. (A aceitação desse convite para trabalhar num sentido menos normal, aliás, responde pela estrutura descontínua deste texto, que talvez nem se pareça com uma crítica, embora o seja.)

A pedagoginga do espetáculo como um todo encontra nessa confiança no espectador, típica da poesia que merece este nome, a sua vocação política mais importante. A liberdade é algo que só se ensina, e se aprende, por contaminação. Para além dos padrões ditos normais de composição de uma "obra teatral", há infinitas possibilidades outras. Para além dos padrões ditos normais de comportamento social, há toda uma vida a desbravar. Novas metáforas a inventar. Assim, o que se realiza no plano da forma do espetáculo, apresentado em flashes até aqui, culmina forçosamente em evidente posicionamento político: a busca por um pensamento não colonizado, por uma descolonização de nossos hábitos mentais e sociais, tão em voga nos dias de hoje, tende a ser mais eficaz no plano da contaminação pelo gesto e da aceitação do fluxo caótico da vida do que no plano, ao fim e ao cabo normalizador, dos discursos politicamente corretos.

A revolta como fluxo, ginga do corpo, movimento imparável, transbordamento, e, por que não, alegria. Ou, nas palavras derradeiras do "professor":

Três mil toneladas de palavra morta, silenciada.

A memória.

Eu nunca vou esquecer, ele disse.

Olha pra frente, menino.

Quem olha pra frente não sabe a sorte que tem.

O amor faz o seu trabalho.

O amor.

O amor, ele disse.

O amor.

Apêndice. Prova de múltipla escolha

Na hora de sair da sala de espetáculo, o professor me entregou o seguinte questionário:

Sabendo que a chave para a decifração do hieróglifo da divindade, a chave com C maiúsculo, está definitivamente perdida, o que fazer?

(A) Mentir e fingir que a chave não se perdeu, que Deus não morreu.

(B) Choramingar e viver como um moderno nostálgico do absoluto.

(C) Dar uma risada dos diabos e viver como um pós-moderno bem resolvido.

(D) Inventar metáforas.

(E) Nenhuma das opções acima.

(F) Todas as opções acima.

(G) Outras.

Crítica como panfleto

Um Rothko anti-rothkiano — *Vermelho*[1]

> MARK ROTHKO: É claro que eu fico meio deprimido sim, quando eu penso em como as pessoas vão ver minhas pinturas. Elas vão ser cruéis. Vender uma pintura é como mandar uma criança cega para dentro de uma sala forrada de giletes. Ela vai se machucar.
>
> John Logan, *Vermelho*

Em *Hannah e suas irmãs*, de Woody Allen, somos brindados com uma breve sequência em que Frederick, o circunspecto pintor vivido por Max von Sydow, recebe em seu ateliê a visita de Dusty Fry, um jovem e milionário astro do rock. Dusty acabara de comprar uma "casa enorme" em Southampton, bairro chique no subúrbio de Nova York, e estava à procura de obras de arte. Logo ao chegar, querendo talvez conquistar a simpatia do pintor, ele diz que recentemente tinha adquirido obras de Andy Warhol e Frank Stella. Frederick lhe mostra então dois belos desenhos de sua mulher, Lee, nua. Mas Dusty mal olha para eles. Retruca que precisava de obras maiores, já que tinha "muitas paredes vazias". Frederick, irritado, responde que seu trabalho não é vendido a metro, mas, pressionado pela mulher e pela falta de dinheiro, aceita mostrar seus óleos para o possível comprador. Este, depois de vê-los, pergunta ao pintor se ele não teria quadros marrons que pudessem combinar com o

---

[1]. Texto publicado originalmente no dia 9 de junho de 2013 na revista *Questão de Crítica*.

seu sofá. Frederick explode e berra que arte não é decoração. O jovem roqueiro, incapaz de compreender por que nem tudo estaria disponível para um endinheirado simpático como ele — "todo canalha é simpático", dizia Nelson Rodrigues —, vai embora sem comprar nada.

O dilema de Frederick, artista que pensa a arte como o lugar privilegiado para a experiência da verdade e se desespera com uma cultura que converte tudo em mercadoria, peça decorativa, insígnia social, é também o dilema de Mark Rothko, ao menos como imaginado por John Logan em *Vermelho*, em cartaz no Teatro Sesc Ginástico, no Rio de Janeiro. No início da peça, Rothko, um dos principais expoentes do expressionismo abstrato norte-americano, acaba de receber uma encomenda pela qual seria muito bem remunerado: pintar murais, com a valiosa "marca Rothko", para decorar as paredes de um restaurante de grã-finos, o Four Seasons. Se, no filme de Woody Allen, o pintor simplesmente recusa-se a (se) vender e a discussão sobre a essência e a função da arte é bruscamente interrompida, na peça de Logan, Rothko aceita a encomenda e todas as questões que sua aceitação lhe impõem.

Tendo como pano de fundo a situação social da arte no final da década de 1950, momento de transição entre o "fim da história da arte" (Hans Belting) e a constituição do assim chamado "mundo da arte" (Arthur Danto), a peça de John Logan é construída em torno do debate estético entre Rothko e Ken, seu jovem assistente, um aspirante a pintor que, ao contrário do mestre, não recusava como simples dejeto da indústria cultural a nascente *pop art*. Mais do que personagens com uma psicologia definida, Rothko e Ken devem ser lidos como tipos representativos de posições estéticas e situações históricas antagônicas. Rothko, um dos últimos representantes da "linha evolutiva da história da pintura", é aquele que, dialogando com mestres como Caravaggio, Rembrandt, Matisse e os cubistas, visa a se apropriar das suas inovações formais — a iluminação desde dentro das pinturas de Caravaggio e Rembrandt, as cores de Matisse, a recusa à representação clássica dos cubistas — para finalmente construir uma linguagem pictórica pura, feita tão somente de formas, luz e cor, sem qualquer pretensão de reproduzir o mundo visível imediatamente disponível para o mesquinho olhar cotidiano, sempre em busca de sentidos prontos. Nessa recusa da pintura como "janela para o mundo familiar", Rothko propõe-se a nos restituir uma relação com a realidade em estado de nascimento, a nos fazer submergir no movimento mesmo que preside a vida das coisas, antes que elas possam ser rotuladas e domesticadas pelo mecanismo de identificação. Por isso, ele exige que os espectadores de seus quadros contemplem-nos sempre a uma curta distância, em ambientes controlados, apartados da existência vulgar, verdadeiras capelas em que o ritual da simples contemplação lhes permitiria uma re-ligação — a peça fala em "simbiose" — com o que há de mais real na realidade, entendida como "pulsação", isto é, como movimento de autorrealização, como processo e não como produto. Sua pintura tem, por isso, um sentido eminentemente religioso e pretende ser antes uma forma privilegiada de conhecimento do mundo do que mero objeto de consumo.

O problema de Rothko é que, em sua situação histórica, que é ainda a nossa, o valor de uma obra e seu preço de mercado foram definitivamente confundidos. Bom é o que faz sucesso, não o que exige o esforço reflexivo inerente à verdadeira contemplação. Bom é o que vende, não o que se propõe a levar adiante a "linha evolutiva da história da arte". Bom é o que agrada, não o que perturba. Bom é o familiar, nunca o estranho. Bom, finalmente, é o que vira uma "marca" sem deixar quaisquer marcas no espectador. A dissonância entre a proposta estética de Rothko e sua situação histórica poderia levá-lo ao desespero — e mesmo ao suicídio, que ele viria efetivamente a consumar dez anos depois do tempo em que se passa a peça. Mas, em *Vermelho*, não é ainda de suicídio que se trata, mas de buscar alternativas, espaços em que a arte pudesse sobreviver a despeito de um ambiente francamente hostil à sua vocação mais original.

Na peça de Logan, a alternativa buscada por Rothko é, a princípio, tentar controlar o que estava para além de seu controle, a saber, a recepção de seus quadros. Por isso, embora tenha tomado a decisão de vendê-los para decorar um restaurante, ele se justifica acalentando a esperança de que a força de seus murais, dispostos numa sala construída por arquitetos do quilate de Mies van der Rohe e Philip Johnson, seria capaz de converter o Four Seasons numa capela, onde seus quadros receberiam o tipo de atenção que mereciam. Por mais inverossímil que essa esperança possa parecer, é a ela que o Rothko de Logan se agarra, para não se deixar confundir com um simples mercenário. Ao longo da peça, porém, depois de algumas conversas com Ken e sobretudo depois de uma visita ao restaurante já em funcionamento, Rothko se convence, um pouco tardiamente talvez, de que aquela esperança não passava de autoengano. Naquele ambiente, seus quadros estavam morrendo, padecendo a invisibilidade das peças decorativas. E assim, num ímpeto heroico aplaudido por seu pupilo, no final da peça Rothko devolve o dinheiro recebido e pede de volta seus murais, numa tentativa (certamente fadada ao fracasso) de recuperar a coerência entre seu discurso e sua ação.

Mas e se essa coerência, para além de todo heroísmo romântico, simplesmente não pudesse mais ter lugar em um mundo inteiramente submetido ao império da mercadoria? Essa é a questão que dá consistência à posição de Ken em sua defesa da *pop art*. À falsa alternativa que é a saída heroica de Rothko num tempo em que ela simplesmente não é mais possível, Ken contrapõe a postura de Andy Warhol e Roy Lichtenstein, que, mais fiéis ao espírito desse tempo, simplesmente teriam renunciado a uma concepção romântica da arte. Em vez de produzir obras que tentassem levar adiante as aspirações espirituais e os avanços formais dos pintores da tradição, a simbiose por eles buscada teria sido outra: uma simbiose com a própria indústria cultural. Se, por um lado, eles seriam assumidamente conformistas, produzindo obras idênticas aos bens de consumo mais em voga — latas de sopa Campbell, Brillo Boxes, histórias em quadrinhos, séries de retratos das celebridades da cultura popular —, por outro lado a ostentação irônica e desabusada desse conformismo obrigaria o espectador a refletir criticamente sobre o seu próprio conformismo, sobre a sua parcela de culpa por um mundo em que mesmo a arte mais radical acaba sendo transformada em um bem de consumo como outro qualquer. Nesse sentido, se é que a *pop art* se sustenta como proposta estética, ela partiria de uma recusa da "linha evolutiva da história da arte", de uma aceitação do "fim da história da arte", para, postando-se cinicamente dentro de um "mundo da arte" dominado pelo capital e por critérios extraestéticos, obrigá-lo a refletir sobre si próprio e, quiçá, a se transformar em um sentido revolucionário, antimercadológico — esperança ainda hoje não realizada, se é que os artistas *pop* de fato algum dia a acalentaram. Em todo caso, no desfecho da peça de John Logan, Rothko demite seu assistente e, reconhecendo que o seu tempo já acabara, incita-o a buscar uma linguagem estética capaz de garantir a sobrevivência da arte em um mundo francamente hostil a ela.

Se essas são as questões estéticas e políticas que afloram a partir da peça, resta indagar de que modo as opções formais realizadas pelos artistas responsáveis pela produção permitem-nos situá-los no âmbito desse debate.

Se o Rothko de Logan vale mais como tipo do que como personagem individualizado, seu dilema como artista, espremido entre a fidelidade à sua arte e um contexto de recepção inimigo da arte, pode ser lido também como o dilema de um diretor como Jorge Takla ou de um ator como Antonio Fagundes. Não é difícil entender por que Fagundes se identificou a tal ponto com o Rothko de Logan a ponto de querer encarná-lo. Apesar de ser um dos atores mais talentosos e culturalmente refinados do país, dotado de uma consciência crítica que o levou a escrever *Sete minutos*, peça que denuncia a estupidez do público teatral (de)formado pela TV, cuja capacidade de concentração (ou contemplação) não ultrapassaria os sete minutos de duração de cada bloco das novelas televisivas, ele é um dos principais astros dessas mesmas novelas. Como o Rothko de Logan, também ele vende os seus murais imaginários para os frequentadores do Four Seasons — a objeção de que o público das telenovelas não é grã-fino como os endinheirados nova-iorquinos não se sustenta quando lembramos que, segundo Flaubert, "o grande sonho da democracia é elevar o proletariado ao nível da estupidez burguesa". Mas, como o Rothko do final da peça de Logan, Fagundes também investe dinheiro do próprio bolso — ele e o diretor Takla produziram *Vermelho* com recursos próprios, sem patrocínio do Estado — para produzir uma arte que, supostamente, teria o poder de educar o público no sentido inverso ao do conformismo vendido pelas telenovelas.

Ocorre que a maioria das opções estéticas realizadas na montagem de *Vermelho* vai de encontro a essa intenção pedagógica, mesmo quando pretensamente lhe permanece fiel. É indiscutível que, tanto no didático programa da peça quanto na pequena aula de história da arte que os Fagundes se dispõem a dar após cada encenação, a preocupação em educar o seu público é evidente. O problema é que, como o didatismo excessivo do programa e da miniaula tornam patente, o pressuposto de Fagundes é que seu público "não sabe nada". Essa postura paternalista com o público, que no fundo é tratado com um certo desprezo — curiosamente análogo ao desprezo que Rothko devota aos espectadores de seus quadros —, só é justificável segundo uma concepção de educação (estética) que pensa que a tarefa do artista é descer ao nível de consciência de seu público e, sem causar-lhe maiores incômodos, pegá-lo pela mão e levá-lo a entrar em contato com uma "alta cultura" à qual ele não estaria acostumado. Essa concepção de educação tem o grave inconveniente de rebaixar o nível das próprias obras para adequá-lo ao pretenso nível do público, acabando por torná-las conformistas, familiarmente tradicionais, dotadas de uma linguagem francamente mercantil. Por mais que trate de "temas sofisticados" — como a querela entre expressionismo abstrato e *pop art* —, essa estética didaticamente facilitadora não faz outra coisa que transformar a "alta cultura" em uma mercadoria cultural palatável, cuja posse até dá a seu público aquele prazerzinho momentâneo de participar de uma conversa inteligente, mas de forma alguma é capaz de transformá-lo, isto é, de efetivamente educá-lo no sentido almejado por Fagundes.

O paradoxo contido na montagem de *Vermelho* é justamente este: ao reproduzir uma linguagem teatral conservadora, próxima da linguagem televisiva, com o intuito de "veicular" conteúdos supostamente mais relevantes que os da televisão, o público é sub-repticiamente tomado como imbecil e assim, contra a autêntica intenção didática de seus produtores, sai do teatro tão imbecil quanto entrou, pronto para continuar a degustar com prazer a próxima novela. Esse paradoxo, embora apareça com clareza paradigmática na atual montagem de *Vermelho*, diz muito sobre a trágica situação do teatro no Brasil de hoje: como o teatro pode sobreviver sem renunciar a ser um espaço de invenção e inconformismo estético? Como impedir que uma peça como *Vermelho*, que abertamente luta por sua sobrevivência, ao fazer tantas e tamanhas concessões, não acabe justamente sacrificando aquilo que justifica a sobrevivência do teatro pelo qual luta?

Exemplar para se pensar o conformismo de *Vermelho* é o cenário, realista, exatamente o que se espera do ateliê de um pintor, com as enormes cópias de Rothko penduradas, sem causar a menor pitada de estranhamento, sem exigir nada da imaginação da plateia. O mesmo vale para o desenho dos personagens, o mestre e o aprendiz, o velho e o novo, a tradição e a novidade, a música clássica e o jazz, que permanecem invariáveis ao longo de toda a peça e não experimentam qualquer modificação significativa nas posições estéticas que defendem. Na realidade, as modificações que ocorrem nos personagens são, quando muito, psicológicas. O problema é que, toda vez que o texto tenta emprestar veracidade psicológica aos personagens, ele descamba para a pieguice, como no patético monólogo de Ken relatando o assassinato dos pais quando ele tinha apenas sete anos, cuja única função na estrutura da peça é manipular emocionalmente o espectador e sugerir que, por causa daquele "trauma", o jovem tendia a procurar em Rothko o pai perdido; ou quando Rothko volta bêbado ao ateliê depois de ir ao Four Seasons e ver que seus quadros não recebiam a atenção que mereciam; ou quando, já no final do espetáculo, "papai Rothko" reconhece a existência do "filhinho Ken" e lhe dá um conselho edificante sobre como prosseguir em sua carreira...

Com um texto esquemático, temperado com pitadas de moralismo e piadas de ocasião, atores rígidos em seus papéis — Fagundes pai, embora mostre a competência de sempre, sublinha mais do que o necessário a sua caracterização da postura corporal de Rothko, e Fagundes filho sofre por estar em cena diante de um ator mais experiente —, um uso ilustrativo da trilha sonora, uma direção convencional, com marcas quase sempre frontais e entradas e saídas pouco imaginativas dos atores pelos lados do cenário, *Vermelho* não tinha como não ser um grande sucesso de público.

Parodiando o trecho da peça que serve de epígrafe a este texto, pode-se dizer que, ao vender o seu espetáculo, em vez de robustecer a criança que é a arte com uma linguagem que pudesse subverter as expectativas habituais de seu público, Takla e Fagundes enfraqueceram-na, entregando-a como bem preparada peça culinária aos frequentadores do Four Seasons, ou melhor, do Teatro Ginástico.

Por um novo teatro político —
Caranguejo Overdrive[1]

> Qual é a relação entre a obra de arte e a comunicação? Nenhuma. A obra de arte não é um instrumento de comunicação. A obra de arte não tem nada a ver com a comunicação. A obra de arte não contém, estritamente, a mínima informação. Em compensação, existe uma afinidade fundamental entre a obra de arte e o ato de resistência. Isto sim.
>
> Gilles Deleuze, *O ato de criação*

Em 2015, Aquela Cia. de Teatro, sediada no Rio de Janeiro, completou dez anos de existência, fato por si só notável em uma cidade carente de políticas públicas para a manutenção de grupos teatrais movidos pelo desejo de realizar uma pesquisa de longo prazo e desenvolver uma linguagem própria. Para celebrar esse feito, o diretor Marco André Nunes, o dramaturgo Pedro Kosovski e o diretor musical Felipe Storino, fundadores dAquela Cia., apresentaram simultaneamente, no Espaço Sesc, dois trabalhos inéditos: *Caranguejo Overdrive* e *Laio e Crísipo*. Tamanho foi o sucesso de público e crítica da Ocupação Aquela Cia. 10 Anos, com casa sempre lotada e indicações para os prêmios mais importantes da cidade, que se torna imperativo refletir sobre as razões de uma recepção tão calorosa. Dadas a pequena dimensão deste texto e a singularidade absoluta das

---

[1]. Texto publicado originalmente no dia 1 de setembro de 2015 no site Agora\Crítica teatral.

duas peças apresentadas, me concentrarei apenas em *Caranguejo Overdrive*, na qual a poética dAquela Cia. alcançou o seu ponto culminante nesses dez anos.

> Não se pode dizer que sou eu que falo, as palavras valem muito pouco diante da força do apetite, porque apetite e palavras são coisas que se resolvem na boca, as palavras existem em função da defesa, então falo em nome de um ataque e é isso que vale por aqui, falo porque tenho fome, de lama misturada com urina, excrementos e toda espécie de resíduos que a maré cheia me traz, e assim passam-se os dias onde tento me engordar com os restos que a cidade descarta...

As palavras iniciais de *Caranguejo Overdrive*, ditas por "um caranguejo que um dia foi um homem chamado Cosme", sintetizam os princípios fundamentais que orientaram a construção do trabalho. A partir de uma deglutição heterodoxa de Josué de Castro, Glauber Rocha e Chico Science — o geógrafo que provou que a fome não é fruto de nenhum desastre natural, mas de uma organização social iníqua; o cineasta que fez da fome não o tema, mas o motor mesmo de sua estética; e o músico que reatualizou a imagem baudelairiana do "poeta trapeiro", a antropofagia oswaldiana e o tropicalismo — emerge a figura contemporânea do "homem-caranguejo".

No plano do enredo da peça, ele se chama Cosme, um catador de caranguejos nascido no Mangal de São Diogo, atual Cidade Nova, que, obrigado a ir para uma guerra que não era sua, a Guerra do Paraguai (1864-1870), testemunha todos os horrores de um dos episódios mais sangrentos da história latino-americana e os relata para nós, ensinando-nos um pedaço largamente desconhecido de nossa própria história. Ao voltar para casa, trazendo no corpo as marcas de todos os crimes que testemunhou e de todas as "explosões brancas" que quase o aniquilaram, Cosme reencontra o seu mangue aterrado e o seu habitat destruído. Desorientado e quase mudo, ele conhece na Cidade Nova uma prostituta paraguaia, que ironicamente se dispõe a ser sua guia e lhe dá uma aula fabulosa sobre a história do Brasil, desde o presente do personagem até o presente do espectador, sobrepondo as camadas temporais e salientando como, desde os primórdios, o "progresso" se alimenta da barbárie — e vice-versa. Nessa cena, a atriz Carolina Virgüez nos brinda com um improviso memorável, tanto pela rapidez virtuosística de sua fala quanto pelo teor de seu discurso. Após esse breve encontro, Cosme, já no limite de suas forças, é novamente forçado, desta vez em troca de um prato de comida, a se converter em braço escravo das obras de "modernização" da cidade então empreendidas pelo Barão de Mauá. Ao evocar esse episódio de um passado aparentemente longínquo, o texto do espetáculo constrói um dispositivo sofisticado para denunciar o atual processo de gentrificação pelo qual passa a cidade do Rio de Janeiro, sob o pretexto de sediar os Jogos Olímpicos de 2016. Que obscuros desígnios são encobertos por tantas "mudanças"? Finalmente, exaurido pelo trabalho inútil de cavar e tapar buracos, levantar e dinamitar elevados, "o mesmo caranguejo que um dia foi Cosme" nos conta que, a despeito de sua extraordinária resistência, um dia até mesmo ele foi "capaz de morrer", tendo passado de caçador a caça — ou de caça a caçador — e voltando ao seu mangue de origem para ser pasto dos futuros homens-caranguejos.

O que esse resumo do enredo da peça deixa claro é, sobretudo, como os resumos são enganosos. E como os enredos (o velho *mýthos* aristotélico) há muito deixaram de ser a essência do fenômeno teatral. Ao operar essa violenta linearização da história de Cosme, ao submeter todos os demais elementos cênicos ao império da cronologia e do sentido, corre-se o risco de ler *Caranguejo Overdrive* como um trabalho apoiado em uma compreensão mítica do tempo como eterno retorno do mesmo. É como se o espetáculo pudesse estar dizendo: "No século XIX, o Brasil foi assim, o Rio foi assim, a fome foi assim. Foi assim e ainda é. Foi assim, ainda é, e não há nada que possamos fazer. Quando muito, podemos vir ao teatro reclamar, denunciar, nos indignar, bater panela. E, por breves momentos, sentir pena dos oprimidos e raiva dos corruptos, para depois podermos todos dormir em paz tendo pagado a nossa libra de sofrimento."

Não. Nada mais distante da proposta desse novíssimo teatro político. Os integrantes dAquela Cia., na esteira do jovem Lukács, entendem muito bem que "o que há de verdadeiramente social na arte é sua forma". Uma forma que, imitando os revolucionários franceses de 1789, atira nos relógios, explode a linearidade do tempo, interrompe o fluxo do sempre igual e deixa o novo, sempre imprevisto e impensado, aparecer. O fato de que uma história tenha sido de um jeito não significa que não possa vir a ser de outros. Se, na peça, Cosme ganha corpo e voz — ou melhor, corpos e vozes, já que o personagem atravessa os cinco atores em cena —, isso já instaura uma diferença com relação ao que (empiricamente) foi. Sim, a história de Cosme é a dos vencidos, a dos anônimos, a dos sem voz. Mas, em *Caranguejo Overdrive*, ao contrário do que se deu e se dá na História Oficial, esse homem-caranguejo assume a palavra.

Mais do que "o quê" ele diz, importa "como" ele diz o que diz. Neste ponto, a direção de Marco André Nunes é de uma inventividade que precisa ser celebrada. Além de enfatizar a sobreposição de camadas temporais e a mistura de formas de narração já presentes no texto de Pedro Kosovski, em que convivem o panfleto político, os monólogos líricos, os diálogos sincopados, a mitologia dos guerreiros do mangue, os discursos professorais sobre a biologia dos caranguejos ou a história do Brasil, a direção opera pela justaposição de planos espaciais distintos que configuram uma verdadeira instalação, não raro obrigando os espectadores a decidirem o que querem ver. Assim, muito além das palavras, a cena se apoia na plástica de corpos em convulsão, em distintos registros de elocução, na mistura de uma caixa de areia, um mapa do Brasil, um aquário repleto de lama, um quadro-branco e uma gaiola com caranguejos vivos que, não por acaso, são libertados ao longo do espetáculo e trazidos à ação. Atravessando, potencializando e interpretando todos os acontecimentos, a trilha sonora original de Felipe Storino (guitarra) e Mauricio Chiari (bateria), acompanhados em cena por Samuel Vieira (baixo), incorpora e faz diversas citações ao pesado e eletrizante Mangue Beat de Chico Science, dando ao conjunto do espetáculo os ares de uma obra de arte total.

Nessa disposição polifônica de palavra, música e imagem, uma coisa fica clara: a complexidade de nossa história não permite o conforto de um ponto de vista estável que fosse capaz de abarcar tudo com uma só mirada ou um só discurso. A meu ver, o novo teatro político, que reconhece a impossibilidade de diagnósticos redutores e de soluções simplistas para os problemas do presente, encontra em *Caranguejo Overdrive* um exemplar de rara suculência.

Por isso, eu espero que, como o ator (Fellipe Marques) que herculeamente se mantém em cena por 20 minutos coberto de lama na quase insustentável posição de homem-caranguejo, emblema do projeto como um todo, Aquela Cia. seja capaz de resistir por muitos e muitos anos ainda em meio à lama e ao caos da política cultural carioca.

A tragédia do inconformismo e o inconformismo da tragédia: Aderbal conta Vianninha — *Vianninha conta o último combate do homem comum*[1]

> Conquistar a tragédia é, eu acho, a postura mais popular que existe: em nome do povo brasileiro, a conquista, a descoberta da tragédia.[2]
>
> Oduvaldo Vianna Filho

Mesmo que não reconheçamos a validade de quaisquer regras *a priori* que configurariam algo como um método infalível para a crítica teatral — tais regras tendem a ser totalitárias na medida em que negligenciam a singularidade absoluta de cada encenação! —, no caso de uma montagem baseada em um "texto clássico", antigo ou moderno, a tentação de partir de uma análise do modo como esse texto foi traduzido para a cena é sempre muito forte. Seria naturalmente possível combater essa tentação, seja por desconfiança do "textocentrismo" que assola a crítica tradicional, sobretudo a jornalística, seja pelo desejo mais ou menos consciente de inaugurar uma nova tradição crítica, calcada em uma outra compreensão da essência e da forma do ensaio — o que, aliás, é uma das principais motivações da revista *Questão de Crítica*. Mas nem tudo que é possível se torna, por este motivo apenas, imperativo. Por isso, em vez

---

1. Texto publicado originalmente no dia 28 de maio de 2015 na revista *Questão de Crítica*.
2. Vianna Filho, O. apud Patriota, R. *A crítica de um teatro crítico*. São Paulo: Perspectiva, 2007, p. 67.

de tentar um ponto de partida mais "original", serei fiel neste ensaio à velha máxima de Oscar Wilde segundo a qual "a única maneira de nos livramos de uma tentação é cedermos a ela". Isso significa que, em minha interpretação da recente montagem de Aderbal Freire-Filho da peça *Em família*, de Vianninha, partirei da análise do modo como o encenador realizou uma transposição a um só tempo fiel e subversiva da letra do texto do dramaturgo para a cena.

A primeira coisa que salta à vista no modo como Aderbal se apropriou da peça *Em família*, escrita por Oduvaldo Vianna Filho em 1970,[3] foi o novo título que ele propôs: *Vianninha conta o último combate do homem comum*. Essa mudança no título evoca imediatamente algumas das mais célebres encenações do Teatro de Arena, como *Arena conta Zumbi* (1965) e *Arena conta Tiradentes* (1967), ambas capitaneadas por Augusto Boal e Gianfrancesco Guarnieri. Para além dessa referência histórica imediata, que insere o mais recente trabalho do diretor na melhor tradição do nosso teatro político, de matriz assumidamente brechtiana, um teatro do qual Vianninha, cria do Arena e fundador do Opinião, foi um dos principais expoentes, há toda uma série de implicações não apenas políticas, mas

---

3. Em 1970, Vianninha escreveu a peça *Em família*, que foi transformada em roteiro cinematográfico pelo próprio autor. Sua filmagem marcou a estreia do ator Paulo Porto como diretor de cinema. Essa película, *Em família* (1971), mesmo não tendo boa bilheteria no circuito comercial, obteve medalha de prata no VII Festival de Moscou, em 1971. Na década seguinte, em 1983, ganhou uma versão televisiva, *Domingo em família*, na Rede Globo de Televisão.

também estéticas, que são condicionadas por essa mudança apenas aparentemente exterior à obra mesma. O novo título proposto por Aderbal, se não chega a ser um manifesto tão sintético quanto eloquente (e talvez o seja!), sem dúvida alguma manifesta o sumo de sua leitura da peça de Vianninha, em que o plano da estética e o da política não têm como ser separados.

Se é verdade que "as verdadeiras obras de arte contêm a sua própria crítica",[4] isto é, fornecem ao intérprete os princípios para a sua análise, eu diria que três são as principais vias de leitura da obra de Aderbal abertas pela mudança no título original do texto de Vianna: a primeira diz respeito à introdução de um narrador, "Vianninha conta", onde antes não havia — quem é esse narrador? Que transformação a sua presença em cena opera no sentido e no alcance do texto original da peça? A segunda diz respeito ao deslocamento da ênfase no ambiente familiar para a esfera de uma classe social específica, a classe média empobrecida da qual faz parte o "homem comum" — o que essa ampliação de foco torna visível? Que opção estético-política se evidencia quando se relativiza a centralidade da família como núcleo dramático privilegiado? A terceira diz respeito à ênfase na ideia de "último combate", que aproxima esse teatro político de um teatro que, na falta de um termo menos equívoco, eu chamaria de trágico — é possível falar em uma "tragédia do homem comum"? Depois da proclamada "morte da tragédia", título do livro seminal de George Steiner, ainda

---

4. Novalis apud Benjamin, W. *O conceito de crítica de arte no romantismo alemão*. São Paulo: Iluminuras, 2002, p. 73.

seria possível interpretar uma peça como *Vianninha conta o último combate do homem comum* como uma "tragédia moderna"?

Vianninha conta: o palhaço-narrador

Ao entrar no teatro, o espectador é capturado pela expressividade do cenário de Fernando Mello da Costa: ao fundo, uma parede com diversas janelas entreabertas indica que a antiga privacidade do lar burguês foi destruída pela vida metropolitana, cuja arquitetura lembra a das colmeias e cujos habitantes foram convertidos em abelhas trabalhadoras entregues a uma azáfama sem fim. Nesse ambiente emparedado e superpovoado, o ar é rarefeito. Outro signo cenográfico da dissolução de um tempo em que as esferas pública e privada ainda podiam ser ciosamente separadas são os móveis empilhados nas laterais do palco, que se assemelham aos despojos de um naufrágio, ou mesmo àquelas ruínas que o anjo da história de Paul Klee encara melancólico e impotente enquanto a tempestade do "progresso" arrasta suas asas para o futuro.[5] Tendo em vista que a peça se passa entre a casa de Sousa e Dona Lu em Miguel Pereira (quando apenas uma das muitas janelas no fundo do palco é iluminada) e os apartamentos de seus filhos Jorge, no Rio de Janeiro, e Cora, em São Paulo (quando todas as janelas são iluminadas simultaneamente), o fato de a ambientação ser

---

5. Benjamin, W. "Tese IX sobre o conceito de história". In: *O anjo da história*. Belo Horizonte: Autêntica, 2012, p. 14.

antes expressionista do que realista já é um primeiro indício de que Aderbal não pretende manter intacta a quarta parede do drama burguês como ela foi construída por Vianninha em seu texto.

Essa leitura do cenário é confirmada nos minutos iniciais do espetáculo, com a entrada em cena de um palhaço (Kadu Garcia), com nariz vermelho e sapatos grandes demais, cabelo de Bozo e gestos tipificados. Esse palhaço inexiste no texto original, sendo o mais significativo acréscimo de Aderbal para a compreensão de sua montagem. Depois de fazer algumas gracinhas (deixar cair uma bandeja cheia de copos, soltar um pum), o palhaço dispõe em torno da mesa — único objeto cênico invariável no centro do palco — as cadeiras necessárias à configuração da "sala de jantar em Miguel Pereira, da casa de Sousa e Dona Lu"[6] indicada por Vianninha na rubrica inicial de *Em família*. Em seguida, desempenhando a função de narrador (ou diretor de cena) que lhe caberá ao longo de todo o espetáculo, o palhaço põe em cena os próprios Sousa (Cândido Damm) e Dona Lu (Vera Novello), ele sentado à mesa, ela de pé atrás dele, compondo um retrato na parede — como dói! — que evoca o tempo de nossos antepassados. Finalmente, antes de voltar para a coxia em ruínas que permanecerá visível

---

6. Todas as citações da peça *Em família* foram extraídas do texto utilizado por Aderbal Freire-Filho em sua montagem, cedido gentilmente pelo diretor. Trata-se da segunda versão da peça, concluída em 10 de março de 1972. Todas as citações de trechos da peça foram extraídas dessa versão, mas não julguei necessário indicar a página de cada citação, por se tratar de texto não publicado.

ao longo de todo o espetáculo, servindo de arquibancada para os atores "fora de cena", coloca-se de costas para a plateia, mimetizando a posição dos espectadores, e entrega-se a uma longa gargalhada, como se anunciasse: "*Incipit comedia*".

No entanto, como logo ficará claro na cena de abertura do texto de Vianninha, ao qual Aderbal, à exceção do acréscimo do narrador-palhaço, é integralmente fiel ao longo de toda a encenação, não há motivo para rir. A dissonância entre o comportamento inicial do narrador e a situação dos personagens exigirá do espectador uma posição reflexiva, distanciada, como aquela exigida dos espectadores de um teatro antes épico que dramático. Se, como escreveu provocativamente Aderbal em seu prefácio aos *Escritos sobre teatro* de Brecht, publicados em 2005 pela Nova Fronteira, "não há um teatro vivo fora de Brecht",[7] é possível enxergar *Vianninha conta o último combate do homem comum* como uma aplicação desse princípio. Na construção do cenário e da luz (de Paulo Cesar Medeiros); na introdução de um narrador; na elaboração do programa do espetáculo, um jornal que contém os fatos mais significativos do ano de 1972, como a indicar que não há histórias (individuais) fora da História; na fidelidade à exigência de manter os atores visíveis o tempo inteiro, simultaneamente dentro e fora de cena, num espaço intermediário que, ao expor a metamorfose, perturba a fixação de um palco ilusionista — "O que mostra tem que ser mostrado" —; e sobretudo no modo como cria dissonâncias

---

7. Freire-Filho, A. "Metamorfose, mortemesafo". In: Brecht, Bertolt. *Estudos sobre teatro*. Rio de Janeiro: Nova Fronteira, 2005, p. 16.

entre a forma e o conteúdo[8] da representação — parece claro, enfim, que o diretor vê na epicização de uma obra estritamente dramática como *Em família* a condição indispensável para amplificar o seu alcance original, dotando-lhe de uma segunda vida mais condizente com as necessidades de nosso tempo.

Por mais que a utilização de procedimentos épicos tenha sido recorrente na obra de Aderbal como um todo, sobretudo a partir da sua série de romances em cena, em que ele construiu adaptações para o palco de diversas obras originalmente épicas, concorrendo para uma hibridização dos gêneros poéticos que, apesar de tão em voga no teatro mais contemporâneo, remete à *Ilíada* e à *Odisseia*, os poemas fundadores da literatura ocidental,[9] acho pouco produtiva a mera constatação de que a epicização do drama teria a ver com uma marca autoral do diretor, com o seu "estilo" de fazer teatro. Mais do que rotular

---

8. Embora o par conceitual forma-conteúdo esteja hoje fora de moda, me inscrevo, neste ensaio, em uma tradição que dele se vale para pensar os fenômenos estéticos-históricos. Uma tradição que inclui Hegel, Lukács, Péter Szondi e Pareyson. Por isso, na primeira seção deste ensaio, concentrei minha análise em aspectos formais; e, na segunda, em questões de conteúdo, mostrando, no entanto (assim espero), a indissociabilidade entre forma e conteúdo, definido por Pareyson como um "modo de formar" (Pareyson, L. *Os problemas da estética*. São Paulo: Martins Fontes, 1997, p. 63).

9. O canto XXIV da *Ilíada*, como me contou a atriz Andressa Medeiros, que, sob a direção de Octavio Camargo, levou ao palco uma versão integral desse canto na belíssima tradução de Odorico Mendes, possui nada menos do que 119 transições entre a voz (épica) do narrador e as vozes (dramáticas) dos heróis e deuses evocados.

um artista, simplesmente reconhecendo em um novo trabalho semelhanças com sua produção anterior, parece-me que a crítica, pensada em primeiro lugar como análise imanente da especificidade de cada obra, deve sempre buscar descrever o que há de singular em cada encenação, tentando reconhecer por que um determinado conteúdo precisou receber justamente aquela forma, e não outra qualquer. Em outras palavras: por que a peça *Em família* precisou receber o tratamento épico que lhe deu Aderbal e converter-se em *Vianninha conta o último combate do homem comum*?

Para responder a essa pergunta, é preciso relembrar o enredo da peça.

Seu Sousa e Dona Lu tiveram cinco filhos: Jorge (Isio Ghelman), Beto (Paulo Giardini), Cora (Ana Velloso), Neli (Beth Lamas) e Maria. Ele, um modesto funcionário público, e ela, uma dona de casa com horizontes limitados, viveram a vida inteira com pouquíssimo dinheiro, em uma casa alugada em Miguel Pereira, pagando uma quantia muito abaixo do valor de mercado. Seu Rodrigues, o dono da casa, cobrava esse aluguel simbólico da família um pouco por consideração à integridade de Sousa e um pouco porque o Sousa lhe prestava pequenos serviços, mantendo a casa em ordem. Os filhos cresceram, foram morar em cidades grandes (Rio, São Paulo e Brasília) e o velho casal ficou em Miguel Pereira, onde pretendia viver modestamente até o fim de seus dias.

A peça de Vianninha começa com uma notícia catastrófica em meio ao reencontro da família na velha casa de Miguel Pereira: depois da morte de Seu Rodrigues, a briga entre seus herdeiros assumira tamanha proporção que haviam decidido despejar o velho Sousa, incapaz de pagar o valor de mercado do aluguel, dada a irrisória quantia que recebia como aposentado. Os quatro filhos presentes, tendo em vista que a caçula, Mariazinha, não viera de Brasília para o encontro familiar, veem-se então confrontados pela necessidade de hospedar os pais. O problema é que, à exceção de Neli, que se casara com um homem rico, mas sovina e ausente, os outros não tinham nem dinheiro nem espaço em casa para abrigar o velho casal. Jorge, o mais velho e "bem-sucedido", dono de um Fusca, casado com a costureira Anita (Ana Barroso) e pai da adolescente Susana (Bella Camero ou Luisa Arraes), é um vendedor de inseticidas cheio de dívidas, militante no movimento sindical, morador de um modesto dois quartos em Copacabana. Beto, que passa bêbado boa parte da peça, contando piadas tão amargas quanto sem graça, trabalha em um cartório e vive num diminuto conjugado no Catete. Cora, que se mudara para São Paulo e já se contaminara pelo sotaque paulista, trabalha como vendedora em uma loja, da qual não raro afana um item ou outro; é casada com Wilson, um técnico de televisões, mora no Canindé, às margens do infecto Tietê, e acaba de ter um bebê. Diante do impasse, das contas que nunca fecham, os filhos optam por uma solução provisória: separar os pais. Dona Lu ficaria no Rio, na casa de Jorge; Seu Sousa em São Paulo, na casa de Cora. O miolo da peça mostra então os confrontos entre Sousa e Cora, suas distintas visões de mundo; a amizade entre Sousa e o também idoso Afonsinho (Gilray Coutinho), o típico "agregado" machadiano; as dificuldades da família de Jorge em lidar com a loquacidade irrefreável de Dona Lu e com o fato de ela ter roubado a privacidade da adolescente Susana, com quem divide o quarto; o dilema de Jorge ao perceber que abrigar a mãe definitivamente implicaria sacrificar a mulher e a filha; as eternas desculpas de Neli diante do cinismo do marido; as duras verdades de bêbado ditas por Beto; e, como ponto culminante, os breves diálogos ao telefone entre Sousa e Dona Lu, nos quais toda a dor da separação é mostrada indiretamente, por meio de falas que nunca tocam diretamente no assunto. Ao fim da história, a despeito de todos os esforços de Jorge, o mais íntegro dos três — vivido com uma comovente sinceridade por Isio Ghelman, em atuação inesquecível! —, que passa a peça inteira fazendo contas e se martirizando por não encontrar uma solução financeiramente viável para o dilema da família, a "solução provisória" acaba por tornar-se uma "solução final": Sousa é mandado para Brasília, para morar com a filha Maria em condições desconhecidas, e Dona Lu é internada em um asilo para idosos. Ainda assim, na cena final, na rodoviária, única que não se passa entre quatro paredes, quando Sousa e Dona Lu se reencontram pela última vez antes da separação definitiva, Sousa conclui: "Não estou arrependido..." Ao que Dona Lu retruca: "Nem eu..."

Com base nessa breve reconstrução do enredo da peça, torna-se evidente o quanto o palhaço de Aderbal destoa do drama dos personagens, o quanto suas irrupções cênicas servem para perturbar a identificação afetiva da plateia com a cena, identificação toda feita de compaixão (pela situação dos velhos e de seus filhos, reduzidos à impotência) e medo (de que possamos chegar a viver situação análoga). Por que, então, o palhaço? Não seria ainda mais pungente uma encenação que se contentasse em respeitar o texto tal e qual, sem o acréscimo desse estranho narrador e sem tantas opções cênicas que inegavelmente estorvam a catarse?

Essa última questão obriga-nos a um pequeno desvio até as condições originais de redação da peça, por volta de 1970, quando Vianninha escreveu sua primeira versão.

Em família ou *Nossa vida em família*, como seria depois rebatizado o texto pelo próprio dramaturgo, foi escrito nos anos imediatamente posteriores ao AI-5, no exato momento em que a censura recrudesceu, tornando-se nacional e não mais apenas estadual, como era antes. Esse recrudescimento tornava inviável, do ponto de vista político, a montagem de textos militantes contra o regime, ou mesmo contra quaisquer formas de opressão que pudessem ser lidas à luz da situação brasileira. Se, até 1969, montagens subversivas como a de *O balcão*, de Jean Genet, por Victor Garcia, ou de *Na selva das cidades*, de Brecht, pelo Teatro Oficina, ainda conseguiam alcançar uma alta carga subversiva a despeito dos cortes textuais exigidos pelos censores locais, a partir de 1970, com a nacionalização da censura, os cortes pontuais já não satisfaziam a sanha dos censores, que não raro proibiam textos inteiros ou mesmo a montagem de toda e qualquer obra de autores ditos subversivos, como Plínio Marcos. O caso mais notório dessa nova estratégia, em que a censura política se articulou com uma cruel censura econômica, foi o de *Calabar*, espetáculo produzido por Fernando Torres e

Fernanda Montenegro. Apesar de o texto ter sido aprovado previamente, e de os artistas terem investido dinheiro do próprio bolso na produção, um investimento que só poderia ser recuperado com a bilheteria, os militares voltaram atrás no dia do ensaio geral e proibiram a estreia do espetáculo. Nesse contexto, a criação de um drama familiar, com uma estrutura dramatúrgica tradicional e de teor ideológico relativamente ambíguo, aparecia como uma alternativa interessante de sobrevivência para Vianninha, já então acossado pelo regime.

Para além dessa razão conjuntural, outra razão, mais pessoal, pode ter condicionado a opção do dramaturgo: depois dos anos como colaborador do Teatro de Arena e, na sequência, do Teatro Opinião, ele e Paulo Pontes resolveram fundar um novo grupo, não por acaso intitulado Teatro do Autor. Cansados do trabalho colaborativo, em que a autoria acabava diluída, parecia-lhes existencial e talvez financeiramente desejável produzir textos em que a figura do autor pudesse novamente se sobressair. Textos com uma autonomia literária maior face às invenções cênicas, textos com uma carpintaria mais convencional, mais fiéis ao ideal de uma "peça bem-feita", textos, em suma, que pudessem "falar ao grande público", outrora como agora resistente a obras mais vanguardistas, sobretudo do ponto de vista formal.[10]

---

10. Agradeço a Edelcio Mostaço pela contextualização histórica do trabalho da censura durante a ditadura militar brasileira, e pela sugestão de que o Teatro do Autor, criado por Vianninha e Paulo Pontes, respondia à necessidade experimentada por ambos os dramatur-

Assim, é possível especular que, dada a situação política no Brasil da ditadura e o seu próprio anseio por continuar sendo um dramaturgo (socialmente engajado) mesmo em tempos sombrios, Vianninha tenha se exercitado na construção de um drama mais convencional do que o que teria elaborado caso a situação política fosse outra. É importante salientar, porém, que não obstante certo esquematismo na caracterização de alguns personagens — sobretudo os personagens secundários, como a cliente grã-fina de Anita, o patrão de Jorge e o marido de Cora —, essa dramaturgia ainda assim continha o germe revolucionário característico de outras obras do mesmo dramaturgo, uma semente que poderia vir a medrar caso encontrasse um diretor capaz de ler as entrelinhas do texto.

Minha hipótese é a de que Aderbal escutou, tantos anos após a morte do dramaturgo, a voz que, como baixo contínuo, perpassa cada linha de *Em família*, sem que, pelos motivos já aludidos, pudesse ser abertamente enunciada. Se a direção teatral é fundamentalmente uma arte da escuta, eu diria que Aderbal reencontrou o veio e a voz de Vianna nessa sua obra apenas aparentemente menos libertária. Daí, em última instância, o novo título por ele proposto: *Vianninha conta o*

---

gos de reverem o lugar do autor no processo produtivo. Observo ainda que a principal lição de Walter Benjamin, em sua palestra sobre "O autor como produtor", reflete sobre o fato de que o teor socialmente engajado de uma obra literária tende a ser anulado quando não encontra uma forma capaz de incomodar o "bom gosto" do público. Para o filósofo, o mais determinante para o "engajamento" de uma obra é sua forma, e não as teses que possa conter.

último combate do homem comum. É como se um Vianna redivivo, respirando ares menos repressivos (do ponto de vista institucional), houvesse contado ao pé do ouvido de Aderbal aquilo que ele, Vianna, entrevia em sua peça sob a pátina mais superficial do drama burguês. Esse Vianninha galhardo, capaz de rir dos próprios subterfúgios que encontrara para apresentar tão dramaticamente "nossa vida em família", reaparece então como o palhaço narrador, capaz de redimensionar, a partir dessa sua brascubiana posição além-túmulo, a trajetória de seus personagens. Capaz, inclusive, de rir deles e não apenas de chorar por eles. Vejo aí uma clara indicação de que, contrariamente ao sumo da sabedoria toda feita de resignação que se manifesta no desfecho lírico da peça, a montagem de Aderbal evidencia que chorar e sentir pena de personagens imerecidamente esmagados por uma configuração social iníqua não é o suficiente.

Quando se atenta para os personagens encarnados pelo palhaço ao longo da representação, o que a princípio parece ser apenas uma profissão de fé brechtiana, antinaturalista e impregnada da teatralidade característica do diretor aparece como algo mais do que uma mera opção estética. Se ele é primariamente o narrador que põe a cena e a comenta, exigindo do espectador uma posição reflexiva, sua outra função é encarnar os personagens secundários algo tipificados a que já me referi. Trata-se de uma tomada de posição ético-política com relação à (in)humanidade desses personagens: a grã-fina gorda cliente de Anita (mexeriqueira e que explora sem pudores o trabalho de sua costureira, chegando mesmo a querer criar uma reserva de mercado), o marido paulistano de Cora (que nunca dá as caras e sempre pede para a mulher fechar os ouvidos à dor do pai) e o chefe abertamente canalha de Jorge (que tenta comprá-lo ao preço da traição dos colegas de trabalho) são todos vividos pelo palhaço, isto é, são todos materialmente apresentados como uns palhaços. Se, nessa peça, são personagens secundários, no mundo social em meio à qual ela brotou tendem a ser os protagonistas indiscutíveis. Por isso, evidenciar o que há de cômico, ridículo, sórdido nesses personagens, fazendo-os serem vividos por um ator com um literal nariz de palhaço, cumpre também uma função pedagógica, como aliás aquela que a comédia desde Aristófanes desempenhou ao longo do tempo em seus momentos mais significativos: o riso como instrumento de crítica da ideologia, e não como mera descarga afetiva que recarrega as baterias do conformismo.

O acréscimo da figura do palhaço, a meu ver, faz de *Vianninha conta o último combate do homem comum* uma obra fiel ao princípio fundamental da "poética" de Manuel Bandeira. Um princípio do qual, mais do que nunca, precisamos lembrar, seja por razões primariamente estéticas (num contexto assolado por um teatro musical-biográfico cada vez mais convencional e conformista, que visa à mera identificação afetiva e, por extensão, ao lucro), seja por razões políticas (num cenário em que o lugar de reflexão na política foi usurpado por uma histeria coletiva de fundo moralista que pode facilmente redundar em fascismo). Eis a mais célebre formulação desse princípio:

Quero antes o lirismo dos loucos
O lirismo dos bêbedos
O lirismo difícil e pungente dos bêbedos
O lirismo dos clowns de Shakespeare

— Não quero mais saber do lirismo que não é libertação.[11]

O homem comum e o jumento: entre a resistência e a resignação

Se, como me esforcei por mostrar, o principal fruto das opções cênicas e do acréscimo dramatúrgico de Aderbal ao texto de Vianninha foi a tradução da dialética entre resignação e libertação, conformismo e resistência, desencanto e esperança para o plano da forma do espetáculo, que incorporou essa dialética como uma tensão entre a identificação com o drama dos personagens e as irrupções épicas do narrador-palhaço, que perturbam essa identificação, cumpre agora voltar os olhos para o modo como essa dialética se apresenta no plano da fábula, isto é, no plano (temático) do conflito entre os próprios personagens criados por Vianna.

A fonte primeira desses conflitos é o dinheiro e, mais especificamente, as distintas posturas que cada um dos personagens assume diante da mercantilização da vida, que,

---

11. Bandeira, Manuel. "Poética". In: *Estrela da vida inteira*. Rio de Janeiro: Nova Fronteira, 1993, p. 129.

no mundo da peça (e também no nosso), invadiu inclusive a esfera das relações familiares. O critério que torna possível essa diferenciação é o fato de todos, além de fazerem parte de uma mesma família, serem integrantes de uma mesma classe social: a classe dos homens comuns. Ser um homem comum, na concepção da peça, é pertencer a uma classe média empobrecida e, como tal, viver acossado pela falta de dinheiro, condenado a fazer contas que nunca fecham, tendo que se equilibrar entre a luta pela existência em trabalhos quase sempre alienados, que não prometem qualquer realização pessoal, e o ímpeto de afirmar a própria dignidade, de deixar alguma marca no mundo. Até que ponto um homem comum aguenta se submeter a um sistema de exploração do trabalho e de apequenamento da vida apenas para garantir o seu sustento material e, álibi dos álibis, o de sua família?[12] Que concessões seriam aceitáveis para triunfar na luta pela sobrevivência?

Essa questão orienta a construção de cada personagem. Importa salientar, no entanto, que o texto de Vianna não indica que haveria qualquer resposta correta *a priori*, cabendo

---

12. O personagem de Sousa evoca Garga, protagonista de *Na selva das cidades*, peça de Brecht que Aderbal Freire-Filho dirigiu em 2011. Ambos afirmam a própria autonomia até as últimas consequências, mesmo que isso implique o próprio sacrifício e o da família. Nesse sentido, colocam em xeque a ideia tão difundida da sacralidade familiar, que não raro serve de desculpa para aqueles que vendem a alma (e outras partes de sua anatomia) para os poderes constituídos — no caso do teatro, para a indústria cultural.

a cada qual lidar de forma singular com esse problema. Assim, as "falhas" dos personagens não são nem pensadas sob o signo da tragédia clássica — em que se trata no mais das vezes de uma "*hamartia*", de um erro epistemológico, de uma leitura equivocada de uma situação ambígua — nem sob o signo do drama burguês — em que se trata no mais das vezes de um "erro moral", de um pecado, de uma deformação psicológica individual que, em algum momento, tende a ser punida. Fiel ao materialismo aprendido no Seminário de Dramaturgia do Teatro de Arena, sua principal escola, interessa mais a Vianna analisar os condicionamentos econômicos e sociais de certas posturas existenciais do que julgá-las à luz de uma tábua de valores preestabelecida. Nesse sentido, o autor promove uma dessacralização da família e uma des-moralização da moral que me parecem indispensáveis para combater a onda de moralismo em meio à qual hoje vivemos, cujos pilares são perigosamente semelhantes àqueles que possibilitaram o Golpe Civil-Militar de 1964. (A infame Marcha da Família com Deus pela Liberdade, que precipitou a queda de Jango, foi reeditada recentemente...). Outra razão para que aplaudamos a iniciativa de Aderbal de remontar esse texto!

Mas, também nesse aspecto, é preciso evitar o purismo (aliás, a expressão mais pura do moralismo). A generosidade com que Vianninha conta seus personagens, notadamente os do núcleo familiar de Sousa e Dona Lu, não significa que os conflitos entre eles não rocem por vezes a esfera da moral. (Contradição insolúvel: a mesma moral que serve de pilar ideológico para a perpetuação da injustiça social acaba por ser reproduzida pelos próprios injustiçados...).

Sousa, o pai, homem de uma geração que a seus filhos já parece arcaica, viveu a vida sem fazer concessões, sem aceitar os subornos que lhe foram oferecidos, sem se valer de quaisquer subterfúgios para "se dar bem", sem jamais explorar os outros apenas para lucrar. O preço dessa opção existencial foi a falência da pequena oficina que em certo momento da vida chegou a possuir e a situação insustentável a que chegou na velhice, condenado a viver de uma aposentadoria irrisória como funcionário público e a depender de filhos que não o podem ajudar. A demonstração derradeira de sua resistência face à mercantilização de tudo se dá quando, já em São Paulo, vivendo em más condições na casa da filha Cora e separado da mulher, encontra uma oferta de emprego que permitiria a reunião do casal. Liga então para o possível empregador:

SOUSA: Dr. Jerônimo Castanhede? O Afonso Laranha da AVBAC me deu seu telefone. AVBAC. Não, não é cooperativa de leite... é dos bombeiros... Ah, lembrou, isso... O senhor não precisa de um casal de caseiros no seu sítio em Jundiaí? Sim, senhor. Minha mulher é ótima cozinheira. Eu? Cinquenta e oito anos, ela cinquenta... saúde a toda, doutor... coração, um relógio [*tosse fora do fone*]... Duas vezes por semana o quê, Dr. Jerônimo? Limpar o chão e as panelas. O chão é todo em cerâmica, claro, a varanda em lajota. Ah, lajota é um material muito decorativo, parabéns... O quê? O senhor tem galinha, pois não... Lava toda a roupa, claro, hortaliças, perfeitamente, minha senhora entende muito de galinhas, eu tenho um curso de horticultura, todo o fim de semana o senhor vai, não é? Faz muito bem, descontrair-se, quinze hóspedes, maravilhoso, o senhor pensa que minha mulher é uma mula, hein? Dr. Bostanhede? Pensa que eu trepo com uma mula? Não consegue reconhecer que minha voz é humana? A, E, I, O, U não parecem com as vogais, isso? Agora jumento zurra, jumento zurra, jumento é assim: [*zurra muito. desliga. Longo tempo*]... Ôpa, ôpa, ôpa... ânimo, Sousa... [*tempo*] Espero que a corda não arrebente...

Se Sousa, "arcaicamente", não se curva a um sistema de exploração do trabalho que transforma homens em jumentos, ainda que não tenha como vislumbrar qualquer outra alternativa, Dona Lu, sua esposa, conta ao filho e à nora como por diversas vezes tentou demover o marido de tamanha intransigência moral, sem jamais ter sucesso. E, a despeito das dificuldades, conta também como não deixou nunca de se enternecer com a teimosia de Sousa.

Quanto aos filhos, a situação é um pouco diferente. Beto tornou-se um homem amargo, cujo alcoolismo e cujas piadas não cansam de denunciar a falta de saída a que o fato de ser filho de um homem como Sousa o condenou. (Volta como mote ao longo da peça a piada do condenado à forca cujo último desejo era que a corda arrebentasse...) Neli, por outro lado, resignou-se ao casamento, sem amor, com um homem rico, mas que, segundo as constantes provocações de Beto, teria vergonha dela e preferiria desfilar de braço dado pelas colunas sociais com uma amante em vez de ajudar a sustentar a família da esposa. Cora, em dado momento da peça, queixa-se da herança do pai, dizendo que só não se casou com um homem rico que a queria — em certo sentido mimetizando o destino de Neli — porque o pai sempre pensara na riqueza material como uma falha de caráter, o que a levou ao casamento com um mecânico paulista pobretão e a uma vida de necessidades, não raro contornadas por pequenos golpes. Apesar disso, e do fato de que Cora foi a única que aceitou abrigá-lo "provisoriamente", Sousa não perdoa a autocomplacência da filha. Em meio a uma briga, ele lhe diz (vale notar que esta fala torna inteligível em outra chave o cenário da peça):

> SOUSA: Você é mesquinha, menina, entende? Seu marido rouba válvula boa de televisões que conserta, você rouba vestido... Detesto gente que vive escondida contra os outros, vocês são assim, escondidos dentro de ruelas dentro de vocês, só os olhos nas persianas fechadas... Não gosto de você, menina...

Jorge, o primogênito, é o único que parece ter herdado a fibra do velho Sousa, e por isso passa boa parte da peça fazendo contas. No ápice do desespero, tem a seguinte conversa com sua esposa Anita:

> JORGE: Mariazinha dá 100 contos, pode, pode, eu sei que pode, Neli dá 400... fica 1.030 cruzeiros, Anita; pelo amor de Deus, não me olha como se eu estivesse brincando, jogando, 1.030 cruzeiros, não dá? Não dá?

ANITA: Jorge, meu querido, meu companheiro, eu também estou que nem sei, mas eles não sentem obrigação nenhuma pelo Sousa, o Seu Sousa não deixou nada, deixou o exemplo dele, mas pouca gente usa isso... Mas está bem, vamos admitir que tudo que você falou aconteça como você precisa que aconteça... Faz um mês que nós vamos nessas casas, nessas vilas, você viu as casas, Jorge, a prestação é de 330 contos, o condomínio é 80! Oitenta, Jorge. E tem água, luz, esgoto, imposto predial, a casa não tem tanque, não tem caixa-d'água, a luz é baça, os canos estouram, o piso não tem estaqueamento, nós fomos lá, Jorge, quanto se vai gastar para ter uma caixa dessas, numa casa para dois velhos? O telefone mais perto fica a um quilômetro... Em Miguel Pereira não faz mal não ter telefone... e nessas vilas de meia-parede as pessoas se entrechocam, se sobrepõem, a farmácia é longe e só tem Melhoral, chegar num açougue é uma aventura, e a Neli não dá 400 contos por mês porque a entrada dos 5 milhões ela que daria, a Cora não pode dar 100 contos por mês e nós não podemos ter 200 contos livres por mês, porque a gente paga, paga, e deve mais, e fica o resto da vida, Jorge, o resto da vida, você tem a sua, Jorge, infelizmente você existe, tem a sua vida, Jorge. [*longo silêncio*] [...]

JORGE: Não quero reconhecer que perdi, Anita, perdi... estou de quatro... pastando... Onde é que eu vou pôr os meus pais, Anita? Eles me deram essas fibras, essas vísceras, eu sou eles, sou a pulsação deles, ninguém pode andar sem o seu passado, me querem sem passado... Tudo que acontece no mundo de insuportável vem estourar dentro da família, é para a família que a gente traz [...]. Tudo isso acontece porque o meu pai é um homem bom, digno e pobre... São obstáculos difíceis de transpor.

Finalmente, com Jorge despedaçado pela derrota nesse combate, sua filha Susana, que afirmara em momento anterior que "o sofrimento não é a minha mercadoria, não deveria ser a mercadoria de ninguém", conclama o pai a se levantar:

SUSANA: Ah, é assim, aceitando? É assim? Se conformando com tudo? É assim com essa submissão que você quer que eu leve o meu barco? Ouvi dizer que até o Sindicato você vai deixar...
JORGE: [*como se arrancasse cada palavra da carne, meio chorando*] Não, Susana, não... vou continuar... A bandeira que o Sousa botou na nossa mão... Acho que a Cora, o Beto, a Neli, sei lá da Mariazinha... acho que eles desfiaram ela... Eu vou continuar... aceitar o fato consumado, a força que te derrota, te põe de quatro... Aceitar o poder dela, o seu domínio, mas sem entregar tua alma... puxa, não é um ato de submissão... aceitar a força do inimigo com alma... com discernimento... Significa conhecê-lo, localizá-lo... Parece que é assim que começam todos os bons planos de ataque...

Nessa fala do filho que herdou a resistência do pai, que foi atropelado pela História mas se recusa a ficar no chão, abre-se a brecha, também no plano temático da peça, para o mesmo lirismo libertário que Aderbal alcançou no plano formal com a introdução do narrador-palhaço. O potencial libertário desse lirismo é amplificado pelo fato de que ele tem lugar em um diálogo entre o pai e a filha, isto é, a neta de Sousa. Mesmo em meio à derrota do homem comum, algo se transmite. De geração em geração. E isso que se transmite, embora na maior parte dos casos seja conformismo e resignação, nem sempre o é. Não precisa ser. Não se trata de nenhum heroísmo temerário — a fala do Jorge derrotado insiste na necessidade "de aceitar a força do inimigo com discernimento", e é sabido como Vianninha, em seu tempo, polemizou contra os defensores da luta armada —, mas de outra coisa. Em um fragmento de *Rasga coração*, última peça de Vianninha, cujo segundo ato ele ditou já em seu leito de morte, encontramos palavras que podiam ser de Sousa e que, a meu ver, nos ajudam a entender melhor de onde vem a força arrebatadora de *Vianninha conta o último combate do homem comum*, o espetáculo mais importante[13] que estreou no Rio de Janeiro em 2014:

MANGUARI: E eu sempre estive ao lado dos que têm sede de justiça, menino! Eu sou um revolucionário, entendeu? Só por-

---

13. É sintomático que *Vianninha conta o último combate do homem comum* não tenha sido eleito como "melhor espetáculo" por nenhuma das associações de críticos da cidade. Sintomático de que atualmente grassa muita confusão em torno da relação entre teatro e política, como se os valores formais (que de direito devem ser a base de qualquer análise crítica de uma obra de arte) pudessem ser dissociados do modo — mais ou menos complexo, mais ou menos adulto — como os artistas articulam suas ideias. Sintomático, em suma, de que, como disse uma vez Guimarães Rosa, "vivemos irremediavelmente distraídos das coisas mais importantes". Irremediavelmente coisa nenhuma! — ouço Aderbal ouvindo Vianninha me dizer...

que uso terno e gravata e ando no ônibus 415 não posso ser revolucionário? Sou um homem comum, isso é outra coisa, mas até hoje ferve meu sangue quando vejo do ônibus as crianças da favela, no meio do lixo, como porcos, até hoje choro, choro quando vejo cinco operários sentados na calçada, comendo marmitas frias, choro quando vejo vigias de obras aos domingos, sentados, rádio de pilha no ouvido, a imensa solidão dessa gente, a imensa injustiça. Revolução sou eu! Revolução pra mim já foi uma coisa pirotécnica, agora é todo dia, lá no mundo, ardendo, usando as palavras, os gestos, os costumes, a esperança desse mundo.[14]

O último combate?

Sei que deveria encerrar este ensaio com essa citação de *Rasga coração*, quase um fecho de ouro. O problema é que eu detesto fechos de ouro, que dão sempre a ilusão de uma completude em tudo estranha à forma do ensaio! Sei também que deveria parar por aqui, porque a paciência do leitor já deve ter se esgotado, porque a paciência da editora certamente já se esgotou, porque vou estourar o número de páginas combinado. Sei disso tudo, mas, se estou tratando aqui do homem comum (personificado por Sousa, Jorge, Anita, Suzana, Vianninha e Aderbal), e não do homem comum (personificado por Cora, Wilson, Neli e

---

14. Patriota, R. *A crítica de um teatro crítico*. São Paulo: Perspectiva, 2007, p. 65.

Beto), se vi na peça uma apologia da capacidade de resistência, outro nome para a força que move as revoluções micropolíticas (que está nas palavras, nos gestos, nos costumes, na esperança desse mundo), peço ao leitor para resistir só mais um pouco, e esperar.

É que, depois de ter falado do sentido que fui capaz de enxergar em duas das três partes do novo título inventado por Aderbal ("Vianninha conta" e "homem comum"), queria terminar falando na ideia de "último combate".

Em *Vianninha conta o último combate do homem comum*, não faltam combates. Mas por que Aderbal teria querido frisar a ideia de "último combate"? (Ao ver a peça, essa questão foi a segunda que me mobilizou, sendo que a primeira foi mais prosaica: será que Vianninha teria visto *Viagem a Tóquio*, clássico de Yasujiro Ozu lançado em 1950? A semelhança entre o argumento de sua peça e o do filme de Ozu é notável, e poderia servir de ponto de partida para um promissor estudo comparativo...)

O enredo da peça aparentemente autoriza a ideia de que se trataria do último combate do velho Sousa, que, derrotado pelas circunstâncias, é forçado a se mudar para Brasília sem a companhia de Dona Lu. No entanto, conhecendo-o como o conhecemos ao longo das duas horas de espetáculo (na pele de um inspirado Cândido Damm), é quase inevitável imaginar que, mal chegado à casa de Mariazinha, ele recomeçaria os seus pequenos combates cotidianos: contra o mau uso da língua portuguesa, revelador do empobrecimento da classe média não apenas no nível financeiro, mas também no nível linguístico e cultural — o uso reiterado do adjetivo "fajuto" por Cora e do advérbio "entrementes" por Afonsinho visam mais a sublinhar esse fato sociocultural do que a construir personagens individualizados com base em um discutível uso de bordões identificadores; contra o amesquinhamento de uma vida determinada unicamente pela preocupação com o dinheiro; contra os pequenos deslizes éticos a que seus filhos se permitem, contrariando o exemplo do pai etc. E o mesmo vale, como mostrei na seção anterior, para Jorge, que, embora "de quatro" no final da peça, sabe que também há um aprendizado a ser tirado das derrotas, de modo que, perdido esse combate pontual, outros decerto estão por vir. Sem falar de Susana, adolescente aguerrida que, a despeito de gostar de pequenos luxos, traz em si a semente da resistência.

Como não pode se tratar de um "último combate" no sentido empírico do termo, é preciso buscar uma significação histórico-filosófica para a expressão — diante de uma obra de arte, segundo o sempre útil "pressuposto da perfeição" de Gadamer, é preciso partir da convicção de que tudo faz sentido.[15] Ora, como mostrei na primeira seção deste ensaio, os afetos mais facilmente provocados pelo enredo de Vianninha — sobretudo antes da inclusão dos elementos épicos de Aderbal — são a compaixão (pela situação do velho casal Sousa e de seus filhos, aparentemente reduzidos à impotência) e o medo (de que algo de análogo possa acontecer também conosco). Ambos esses

---

15. Gadamer, Hans-Georg. *Verdade e método II*. Petrópolis: Vozes, 2006.

afetos, como postulou Aristóteles em sua *Poética*, são "as emoções próprias da tragédia", definida como uma "representação mediante atores que, suscitando o medo e a compaixão, tem por efeito a catarse dessas emoções".[16]

Além dessa característica, digamos, afetiva do texto de Vianna, que convidaria o espectador àquela postura resignada que Brecht critica no conceito aristotélico de catarse, como se a injustiça das relações sociais fosse um dado natural e imutável, outro indício que aproxima *Em família* da definição clássica de tragédia é o fato de a peça ter por objeto um homem nobre, ao menos em sentido figurado, que é a um só tempo inocente e culpado por sua queda — não há tragédia, mas apenas um determinismo cego, quando o homem não é de modo algum responsável por seu destino. Em um dos momentos mais pungentes do texto, quando sente nas narinas todo o peso da "maldição" que sobre ele se abateu, Sousa monologa liricamente:

> SOUSA: [*muito baixo*] ... Essa casa é úmida, esse rio Tietê cheira mal... o Canindé cheira mal... [*longo silêncio*] Queria telefonar pra todas as pessoas e avisar o que aconteceu comigo... Cuidado... não sei como se evita isso, mas tenham cuidado... de repente, a gente tem vergonha de ter vivido... **e não sabe onde está o erro...** Na lista telefônica, de um por um, começava pela letra A... Cuidado, muita cautela, tenham muita cautela, por favor, tenham muita cautela... [*fica parado longo tempo*]. (Grifo meu.)

---

16. Aristóteles. *Poética*. São Paulo: Ars Poetica, 1992. Tomei a liberdade de fazer pequenas modificações na tradução de Eudoro de Souza.

Nessa passagem, o "culpado inocente" Sousa, que ainda não consegue reconhecer onde está o seu erro trágico, parece se abater. Nesse momento de autopiedade, felizmente superado na cena final, em que Sousa afirma não se arrepender de nada e, portanto, não ter nenhuma vergonha de ter vivido como viveu, o paradoxo de um "culpado inocente" encontra a sua formulação mais sintética. Esse paradoxo é, segundo a formulação de Schelling, o sumo da tragédia grega, cujo exemplo paradigmático seria Édipo. Escreve o filósofo:

> Muitas vezes se perguntou como a razão grega podia suportar as contradições de sua tragédia. Um mortal, destinado pela fatalidade a ser um criminoso, lutando contra a fatalidade e no entanto terrivelmente castigado pelo crime que foi obra do destino! O fundamento dessa contradição, aquilo que a tornava suportável, encontrava-se em um nível mais profundo do que onde a procuraram, encontrava-se no conflito da liberdade humana com o poder do mundo objetivo, em que o mortal, sendo aquele poder um poder superior — um *fatum* —, tinha necessariamente que sucumbir, e, no entanto, por não ter sucumbido sem luta, precisava ser punido por sua própria derrota. O fato de o criminoso ser punido, apesar de ter tão somente sucumbido ao poder superior do destino, era um reconhecimento da liberdade humana, uma honra concedida à liberdade. A tragédia grega honrava a liberdade humana ao fazer seu herói lutar contra o poder superior do destino: para não ultrapassar os limites da arte, tinha de fazê-lo sucumbir, mas, para também reparar essa humilhação da liberdade humana imposta pela arte, tinha

de fazê-lo expiar — mesmo que através do crime perpetrado pelo destino... Foi grande pensamento suportar voluntariamente mesmo a punição por um crime inevitável, a fim de, pela perda da própria liberdade, provar justamente essa liberdade e perecer com uma declaração de vontade livre.[17]

Mesmo que a comparação entre Édipo e Sousa soe à primeira vista forçada, ainda mais em se tratando de um dramaturgo marxista como Vianninha, penso que ela abre uma via privilegiada para a compreensão da noção aderbaldiana de "último combate". Se nos atemos unicamente à vida de Sousa como apresentada no espetáculo, abrindo mão de imaginar os seus posteriores combates em Brasília e a marca de sua herança nas existências combativas de Jorge e Susana, o que vimos ser travado unicamente no tempo-espaço da peça foi de fato o seu último combate: o último combate do homem comum. Sob essa ótica, a tragédia de Vianninha é um "drama analítico" como *Édipo rei*, no qual se investiga qual teria sido o erro trágico de Sousa. Ao contrário de Édipo, no entanto, criminoso que matou o pai e se casou com a mãe, tornando-se pai dos irmãos, o erro trágico de Sousa acaba nos aparecendo como um acerto: Sousa simplesmente não se conforma com a injustiça das estruturas sociais, que hoje fazem as vezes dos velhos deuses, tão incompreensíveis quanto eles. Esse erro é traduzido por Vianninha com um brilho raramente igualado em nossa dra-

---

17. Schelling apud Szondi, P. *Ensaio sobre o trágico*. Rio de Janeiro: Zahar, 2003, p. 29.

maturgia na cena da conversa telefônica entre Sousa e Dona Lu, quando mostra a resistência de Sousa em abotoar o último botão de seu casaco, metáfora para a corda do enforcado e para a gravata do executivo. E por que ele se recusa? Porque "pinica", como diz Dona Lu. Quantos de nós ainda temos a pele fina o suficiente para sentir pinicar a corda que o sistema em que vivemos cotidianamente nos amarra ao pescoço?[18]

Assim, discordo de George Steiner quando ele diz que, em nosso tempo, "a tragédia morreu". A peça de Vianninha, tanto do ponto de vista estrutural (passagem da felicidade à infelicidade) quanto dos afetos que tende a provocar (compaixão e medo), tanto pela sabedoria trágica que contém (o indivíduo é sempre mais fraco do que as estruturas metafísicas ou sociais em meio às quais vive) quanto pelo elogio da liberdade humana com que se encerra, merece ser chamada de tragédia moderna.

---

18. Em *Na selva das cidades*, de Bertolt Brecht, num monólogo decisivo para a compreensão da peça, o personagem Shlink estabelece que o preço para a boa adequação e o sucesso na vida em sociedade é a dessensibilização, o engrossamento da pele, até o ponto em que já não se sente mais nada, muito menos o "pinicar" da corda no pescoço. Shlink diz: "Veja bem: o meu corpo é surdo, nada atravessa minha pele. No seu estado natural, a pele humana é fina demais para este mundo, então as pessoas tratam de torná-la mais grossa. Esse método seria irrepreensível se fosse possível interromper o embrutecimento. Um pedaço de couro curtido, por exemplo, fica sempre da mesma espessura, mas a pele continua a engrossar, fica mais grossa, cada vez mais grossa. No primeiro estágio, a gente ainda consegue sentir as quinas das mesas. Depois, e isso já não é nada agradável, a mesa vira de borracha, mal dá pra sentir. Mas no estágio da pele grossa, a gente já não sente nem borracha, nem mesa, nem nada."

Uma tragédia que, como já sabiam os gregos, ensina antes o inconformismo do que a aceitação passiva. A tragédia, berço do teatro ocidental, como uma escola de inconformismo: este, a meu ver, é o "grande pensamento" de Schelling contido na citação acima.

Steiner argumentaria que "a ideia marxista do mundo não admite a tragédia", já que o ingrediente fundamental da tragédia, a *ananké*, a necessidade cega, incompreensível, que os gregos tornaram suportável com a invenção de seus deuses e que nós tentamos anular com a invenção da moral, seria incompatível com o racionalismo marxista. Marx de fato escreveu que "a necessidade só é cega para aquele que ainda não a compreendeu".[19] Mas, para um artista do início do XXI, por mais que permaneça válida a visão marxista de que o lugar dos deuses de ontem foi hoje ocupado pelas estruturas sociais criadas pelo homem, tornou-se bastante mais problemática a crença no progresso da razão (e da organização social) como capaz de esclarecer e transformar essas mesmas estruturas de uma vez por todas. A mesma razão que esclarece também obscurece. Excesso de luz também cega. Se essa convicção nos ensina a desconfiar das pretensões absolutistas da razão, pretensões que um dramaturgo como Vianninha abraçou ao longo de boa parte de sua obra, por outro lado não podemos ceder à tentação conformista — e irracionalista! — dos cínicos de plantão. No Brasil, sobretudo a partir de 2003, houve sim progresso social!

---

19. Steiner, G. *La mort de la tragédie*. Paris: Gallimard, 1993, pp. 332-33.

Por isso, gosto de pensar que a tragédia de Sousa é o penúltimo combate do homem comum, de forma alguma o último. Ou melhor: eu diria que o último combate que nos interessa é sempre o penúltimo, o que torna possível a continuação da luta. Falando de álcool, e não de teatro, Deleuze chegou a conclusão parecida:

> O que quer dizer o último copo para um alcoólatra? Ele se levanta de manhã, se for um alcoólatra da manhã, e tende para o momento em que chegará ao último copo. Não é o primeiro, o segundo, o terceiro que lhe interessam, é muito mais — um alcoólatra é sempre malandro. O último copo quer dizer o seguinte: ele avalia o que pode aguentar sem desabar... Ele avalia. Varia para cada pessoa. Avalia, portanto, o último copo e todos os outros serão a sua maneira de atingir esse último. E o que quer dizer o último? Quer dizer: é o último que lhe permitirá recomeçar no dia seguinte, é o último em seu poder, porque, se ele for até o último que excede seu poder, ele desmorona, e está acabado, vai para o hospital, ou tem de mudar de hábito. De modo que, quando ele diz: o último copo, não é o último, é o penúltimo, ele procura o penúltimo copo. Não o último, pois o último o poria fora de combate, e sim o penúltimo, que é o último antes do recomeço no dia seguinte. O último é o penúltimo.[20]

E que venha a saideira, quer dizer, a próxima peça formalmente complexa e socialmente aguerrida, o próximo (pen) último combate!

---

20. Deleuze, G. "Abcedário: B de beber". s.d.

Crítica como crônica

O paradoxo da existência virtual (do teatro) — *Onde estão as mãos esta noite?*[1]

O fechamento dos teatros, para nós que frequentávamos o teatro três ou quatro vezes por semana (e não me refiro apenas aos críticos e jurados de prêmios, como é o meu caso, mas às atrizes, atores, faxineiros, diretores, iluminadores, cenógrafos, porteiros, bilheteiros, seguranças, aficcionados de todos os tipos etc.) faz lembrar aquela história da pessoa que teve uma perna amputada, mas que todas as noites sente uma coceira insuportável no membro perdido. Não são poucas as coisas nesta vida que se tornam mais reais e imprescindíveis quando as perdemos. Ou estamos na iminência de perder. (E não me refiro apenas à liberdade em tempos de quarentena e desgoverno...)

Por isso, é talvez compreensível a hesitação entre simplesmente assumirmos e aprendermos a lidar com a perda, aceitando maduramente a castração (como diria Freud), ou nos insurgirmos, pensando em estratégias de luta para superar uma perda tão dolorosa, a insistente presença dessa ausência. Embora ambas as atitudes, na prática, apareçam sempre de algum modo misturadas ("Os únicos verdadeiros paraísos são aqueles que perdemos", escreveu Proust ecoando um velho

---

[1]. Texto publicado originalmente no dia 9 de junho de 2020 na revista *Questão de Crítica*, em um dos momentos mais agudos da pandemia de covid-19, quando ainda não se tinha nenhuma ideia de quando os teatros poderiam ser reabertos.

ditado grego: "Nem mesmo aos deuses é dado rolar a pedra do tempo para trás"), talvez seja possível pensar "o teatro no Zoom" não como um "teatro zumbi", mas antes como uma prótese, uma perna mecânica capaz de, de algum modo, "substituir" ou "transformar" a função da perna perdida. (Brecht, por exemplo, defensor da "refuncionalização" do aparelho teatral num sentido antiburguês, provavelmente veria com bons olhos a possibilidade de o teatro no Zoom chegar a um público muito mais amplo do que o público usual das salas convencionais, isto é, burguesas.)

Nesse sentido, me parece bizantina a discussão sobre se um teatro que não acontece ao vivo (como o "teatro filmado", que sempre usamos para arquivo, estudo e processos seletivos em festivais; ou este "teatro no Zoom", em que a performance continua a acontecer em tempo real, sujeita a todos os erros e modulações de uma apresentação convencional, mas mediada por uma tela) seria "verdadeiramente teatro". Desconfio sempre daqueles que alimentam a pretensão indisfarçavelmente dogmática de definir o que é o "verdadeiro teatro" ou o "teatro natural". Minhas simpatias estão do lado daqueles que, como o filósofo Paul B. Preciado, apontam que mesmo o que julgamos natural é fruto de uma produção tecnológica, histórica, ideológica, como o provam os conceitos de "homem" e "mulher". O pênis, diz Preciado, não passa de um "dildo de carne". Que, aliás, sofreria muito na comparação com sua apenas aparente prótese tecnológica, o "dildo de plástico".

Em vez de perdermos tempo nos agarrando à problemática distinção entre natureza e cultura, entre a pretensa essência de um verdadeiro teatro e suas mutações tecnológicas (vale lembrar o quanto mesmo a história do "verdadeiro teatro" é atravessada por próteses tecnológicas a ele estranhas, do *deus ex machina* condenado por Aristóteles ao uso das cada vez mais onipresentes projeções em cinema e vídeo desde Piscator), acho mais produtivo pensar de que modo duas tecnologias, como duas línguas em um processo de tradução, se transformam ao se encontrarem na sua mútua estranheza.

A questão, já ensinava Walter Benjamin em seu texto sobre a tarefa ou a desistência do tradutor (*Aufgabe*, em alemão, é a um só tempo tarefa e desistência), não é restituir integralmente o sentido das palavras de uma língua nas palavras de uma língua outra, mas sim perceber de que modo o choque com estruturas semânticas e sintáticas intraduzíveis força os limites da língua materna, aumentando sua estrangeiridade e consequentemente sua riqueza.

Essas notas me foram inspiradas pela peça *Onde estão as mãos esta noite?*, com dramaturgia de Juliana Leite, direção de Moacir Chaves, direção de arte de Luiz Wachelke e atuação de Karen Coelho. Concebida como uma peça para o Zoom (aqui hesito em dizer "peça de teatro para o Zoom"), trata-se de uma experiência híbrida: se a atriz e o diretor vêm do teatro, a autora (como relatado em conversa após a apresentação a que assisti) não escreve condicionada pelo meio em que seu texto será materializado, mas pela urgência (e o prazer!) de encontrar uma língua para aquilo que ainda não encontrou forma. E que, no entanto, precisa ser dito. Na esteira de um Adorno estranhamente bem-humorado zoando Wittgenstein, Juliana Leite afirma que a tarefa da filosofia (e sobretudo da poesia) não é a de calar sobre aquilo de que não se pode falar, mas, pelo contrário, a de falar justamente daquilo sobre o que não se pode falar.

Se a polifonia presente nos depoimentos pós-peça (não apenas a diferença entre os pontos de vista do diretor, da autora e da atriz, mas também dos 92 espectadores presentes no Zoom no dia em que assisti) é sem dúvida parte integrante do trabalho, que dura apenas 35 minutos (um tempo curtíssimo para um "espetáculo teatral normal", mas muito mais substancial quando levamos em conta a dispersão a que assistir a um espetáculo em casa convida, com crianças falando e celulares tocando) e mostra muito concretamente que um dos ganhos do "teatro no Zoom" em tempos de quarentena é aumentar seu alcance e possíveis ressonâncias por meio da integração de um debate pós-peça não como algo acessório, mas sim como constitutivo da experiência proposta, o que de imediato me chamou a atenção no experimento foi outra coisa.

A questão formal do trabalho, como de tantos outros experimentos em tempos de quarentena (de aulas a shows de música, passando pelas conversas de botequim e as infinitas *lives*, nome até certo ponto irônico), é a de promover uma tradução intersemiótica da linguagem do teatro (não em termos discutivelmente ontológicos, mas genéticos, dada a proveniência da equipe de criação) para a linguagem do Zoom (ou de qualquer outra plataforma virtual capaz de receber muitos espectadores ao mesmo tempo, indo muito além da utopia dos Jetsons).

Ainda que seja temerário querer fixar de forma unívoca no que consistiria a linguagem do Zoom, eu me arriscaria a dizer que ela programa biopoliticamente a nossa atitude na direção de uma postura informal, espontânea, caseira — ou, em linguagem teatral, naturalista. Mesmo em meio a uma seríssima reunião de trabalho ou a um papo de botequim com a melhor amiga, o fato de podermos ver a casa do outro como pano de fundo, com os traços subjetivos expressados pelos objetos que compõem a decoração (o cenário!) e as irrupções extemporâneas de crianças, outros moradores da casa, barulhos da rua ou animais de estimação, esfumaça a separação entre o público e o privado, convidando a uma espécie de mergulho na intimidade alheia. A linguagem e o gestual exigidos do ator (todos nós diante da câmera do computador ou do celular) que se sabe perscrutado no seu espaço mais íntimo tende, portanto, a ser a de uma naturalidade mais ou menos estudada, sob pena de o todo soar artificial ou pernóstico ou montado demais. Nesse contexto, seria de se esperar que uma peça pensada para esse meio (que é talvez mais uma linguagem que uma mensagem — e espero que McLuhan não se materialize aqui, como em *Annie Hall*, para dizer que eu não entendi nada de sua obra) tendesse ao naturalismo na dicção e no gestual, a um endereçamento direto dos espectadores, "olho no olho da câmera", a uma busca consciente por uma língua próxima à do cotidiano.

Onde estão as mãos esta noite?, entretanto, quebra de saída essa expectativa. Apesar de acontecer na casa da atriz, o cenário é estudadamente impessoal. Apesar de acontecer no Zoom, as câmeras e microfones dos espectadores são imediatamente mutados, de modo que a atriz pode se comportar como se estivesse em um palco italiano, com um forte refletor na cara que a impede de ver a plateia. (Nada de quartas paredes quebradas!) Apesar de convidar à linguagem naturalista própria do Zoom, a atriz se vale de uma dicção não naturalista, fiel ao registro eminentemente poético e até certo ponto literário do texto, e a um gestual ciosamente calculado. Suas mãos, presentes já no título do espetáculo e de inegável centralidade, desenham gestos (às vezes sublinhados pelo fato de ela se levantar e deixar sua cabeça fora de quadro, com as mãos brancas "em *zoom*" sobre o seu vestido negro) que me lembraram os de uma atriz trágica pela sua radical não espontaneidade. O todo, em suma, se dá intencionalmente a ler como ensaiado nos mínimos detalhes.

Com essa opção estética, o trabalho desestabiliza (ou estrangeiriza ou, ainda, distancia em sentido brechtiano) a linguagem do Zoom. É como se ele exigisse dos atuais donos do poder (mas não apenas deles), que se gabam hipocritamente nas redes sociais de uma "espontaneidade" que lhes aproximaria do "homem (branco!) comum" e do "cidadão (ressentido!) de bem", uma hipocrisia de raiz, isto é, tão assumidamente estudada quanto a do "hipócrites" (ou ator) grego. Vendo a atuação até certo ponto grega de Karen Coelho, senti saudades da época em que Ciro Gomes era recriminado por não ter um *"presidential style"* adequado... Enfim.

Em sentido inverso, por mais que evoque um certo teatro clássico, o registro de atuação em *zoom* (ou *close-up*) de Karen Coelho, pensado especificamente para essa plataforma virtual, amplia os limites da linguagem teatral, na qual os *closes* costumavam ser impossíveis até que os cinegrafistas invadiram a cena e passaram a registrar e a montar ao vivo os materiais que estavam sendo atuados — procedimento surgido na Europa, mas radicalmente antropofogizado pelo Teatro Oficina, por exemplo. Nesse sentido, essa peça concebida para o Zoom não inventa a roda nem mesmo do ponto de vista das tecnologias teatrais contemporâneas, vulgarmente chamadas de "pós-dramáticas", mas sem dúvida, na ausência da interação viva entre os corpos em cena e na plateia, faz a roda girar de modo sutilmente distinto.

Se *Onde estão as mãos esta noite?* lograsse apenas isso, a mútua contaminação das linguagens clássicas do teatro e do Zoom pelo seu tensionamento, já não seria pouca coisa. Mas esse jogo formal consegue ir além na medida em que faz reverberar materialmente o cerne da provocação contida no texto de Juliana Leite. O drama central da personagem é o que se poderia chamar de "paradoxo da existência virtual". Por um lado, como boa leitora de "O segredo do Bonzo" de Machado de Assis, ela sabe que na contemporaneidade, ao contrário do que preconizava Descartes quatrocentos anos atrás, não basta ter consciência de que se pensa e sofre e sonha para existir. Em meio à "sociedade do espetáculo", existir é necessariamente existir para o olhar e o consumo do outro. "Das duas formas de existência, a existência na realidade e a na opinião, só a existência na opinião é verdadeira. Se uma coisa existe na realidade, mas não existe na opinião, ela não existe. Mas se existe na opinião e não existe na realidade, ela existe."

O problema é que, além de antecipar profeticamente os "fatos alternativos" de Trump e do Gabinete do Ódio de Bolsonaro, o Bonzo(naro) de Machado de Assis coloca o nosso próprio ser em risco. Afinal, se hoje é ingênuo crer que podemos existir de maneira autônoma independentemente do olhar do outro e da proliferação de "nossas" imagens e opiniões nas redes sociais, por outro lado é amedrontador perceber que as ideias de "integridade pessoal" e de "autonomia do indivíduo" simplesmente se desmancharam no ar rarefeito das *fake news*. Como eu posso ter a certeza de existir (como penso que existo) se nem a autoafirmação (correlata da ideia antiquada e até certo ponto moralista de "integridade") nem o reconhecimento do outro são mais instâncias confiáveis? Estaremos todos nos desmanchando juntamente com a política (pensada como debate racional sobre temas comuns) e com o coronavírus (pensado como retorno do recalcado de uma Natureza que denuncia a insustentabilidade do projeto colonial-capitalístico)?

Ecoa a velha pergunta de Lênin: "O que fazer?"

Evidentemente, *Onde estão as mãos esta noite?* não tem como responder a Lênin. Mas o experimento como um todo convida a uma reflexão fecunda. Se é verdade que a tarefa central da poesia, em suas múltiplas manifestações históricas, entre as quais estão o teatro, o cinema e a literatura, depende de um engajamento do outro, de um deslocamento em sua forma de perceber o mundo, e, do ponto de vista do artista, da criação de estratégias para afetá-lo e comovê-lo no sentido de uma percepção singular e não contaminada pela lógica do rebanho, como criar dispositivos, mesmo em tempos de "teatro no Zoom", para uma recepção coletiva que não seja dogmática mas que, ainda assim, possa colaborar na constituição de pequenos coletivos revolucionários ou, em termos mais humildes, dissidentes da visão de mundo dominante? Como juntar as pessoas em torno de uma causa comum sem cair nas velhas ilusões ideológicas da luta pelo bem ou pela humanidade ou por uma identidade estável qualquer? Como extirpar a voz do Poder em nós mesmos?

Ou, nas palavras de Juliana Leite: "Onde vamos pôr as mãos quando pudermos nos abraçar? Onde vamos pôr as mãos quando estivermos diante da liberdade? Onde vamos pôr as mãos para voltarmos a falar de futuro?"

Promover de forma singular esse encontro entre linguagens estrangeiras é um bom começo. Resta saber como, do ponto de vista estético-político, podemos afetar as pessoas, furando não apenas o isolamento da tela, mas também o pseudoisolamento das telas entre si, para constituir uma comunidade mais heterogênea e horizontal, capaz, quem sabe, de adiar o fim do mundo.

Crítica como acontecimento

O fim da crítica: Nova conversa entre um ator japonês e um crítico brasileiro[1]

> as pessoas sempre chegam a você ansiosas
> talvez você conheça aquele poema de Ingeborg Bachmann
> dos últimos anos da vida dela que começa assim
> 'eu perco os meus gritos'
> querida Antígona,
> tomo como a tarefa da tradutora
> nunca deixar que você perca os seus gritos[2]
>
> Anne Carson, *Antigonick*

Nota preliminar

Não falava com meu amigo Ryunosuke Mori desde o nosso último encontro presencial no Círculo Militar da Praia Vermelha — estranho ter que usar esse adjetivo, "presencial", para caracterizar um encontro. Tomamos aquelas inesquecíveis caipirinhas de caju ali diante do mar e sob o Pão de Açúcar em meados de 2015. Depois disso, só falei uma única vez com

---

1. Texto publicado originalmente na revista *Viso: Cadernos de Estética* Aplicada (v. 17, nº 32, jan.-jun. 2023). Trata-se da continuação do primeiro texto deste livro, mas a nova conversa se dá em um mundo bastante diferente, marcado pela pandemia de covid-19 e por outros acontecimentos históricos e pessoais que transformaram os pontos de vista de ambos os interlocutores no que respeita às relações entre a arte e a crítica.

2. Carson, A. *Antigonick*. Nova York: New Directions, 2012, p. 13. (Agradeço a Marília Garcia e Rafael Zacca pela tradução ainda inédita da passagem utilizada acima.)

Mori. Ele me mandou uma carta assim que recebeu a versão impressa do meu relato da nossa conversa, que publiquei no número 19 da revista *Viso*.[3] Mori até hoje não tem celular e se recusa a compactuar com a digitalização da vida. Isso lhe parece apenas natural para um ator de teatro. Na carta, ele me recriminava por ter sido fiel demais na transcrição do nosso diálogo. Respondi por telegrama: "Prometo melhorar da próxima vez."

Passaram-se os anos e o Brasil não é o mesmo. Veio o golpe que derrubou Dilma Roussef, veio a eleição de Bolsonaro, virá talvez em breve o autogolpe que sepultará de vez o curto período de normalidade democrática que a minha geração teve o privilégio de viver. Há pouco a comemorar e as chances de resistir parecem ínfimas.[4]

Em contexto tão funesto, foi uma surpresa quando, na semana passada, Mori me ligou para dizer que estava de passagem pelo Rio de Janeiro a caminho de Bastos, cidade natal de sua mãe, para o enterro de uma tia. "Vamos tomar umas caipirinhas naquele mesmo lugar que a gente foi da última vez?" Senti uma felicidade inesperada ao ouvir novamente o seu R retroflexo. "As caipirinhas estão de pé. Mas não quero passar nem na porta do Círculo Militar."

---

3. Ver o primeiro texto deste livro: "A arte da crítica: Conversa entre um ator japonês e um crítico brasileiro".
4. Este texto foi escrito em junho de 2022, quando parecia ainda uma temeridade sonhar a vitória de Lula. Que esse parágrafo permaneça como lembrança de um momento histórico aterrorizante.

No dia seguinte, cheguei um pouco antes das 16h no Bar do Omar, no Santo Cristo, pertinho da antiga fábrica da Behring. Era uma quarta-feira de muito sol e pouco vento, o bar ainda estava vazio. Escolhi uma das melhores mesas, com uma vista extraordinária do centro do Rio com a baía de Guanabara ao fundo. Fiquei ali, admirando a vista, as paredes repletas de grafites de Lula, e pensando o que estaria a meu alcance fazer ante a iminência do desastre.

Ainda na primeira caipirinha, ouço às minhas costas um assobio curioso e me esforço por identificar a melodia. Era bem familiar. Fecho os olhos, sacudo minha memória debilitada pela covid e, após um instante angustioso de indefinição, clique: "Bárbara, Bárbara, nunca é tarde, nunca é demais, onde estou, onde estás, meu amor, vem me buscar..."

Viro para ver quem estava assobiando tão bem e um Mori sorridente se aproxima de mim com os olhos ainda mais apertados que o normal. Apesar de tanta distopia, ele não mudara nada desde nosso último encontro — ou sintoma de uma vida feliz ou efeito da disciplina física exigida pelo butô, arte na qual ele é talvez o maior mestre contemporâneo.

Levanto num pulo, sorrindo também com os olhos, e abro calorosamente os braços.

Ficamos muito mais tempo do que o normal enganchados ali no meio do salão. Deu até uma emoção imprevista, um engasgo, uma vontade de chorar, sei lá.

Patrick Pessoa: Que saudade, meu amigo, que saudade!

Ryunosuke Mori: Faz anos que não abraço ninguém assim, minha querida Bárbara.

PP: [*me fazendo de ofendido, dou um passo atrás*] Que isso, companheiro?! [*depois de sentarmos e comandarmos duas caipirinhas de limão — o caju estava em falta — e oito bolinhos de lula com chuchu, Mori me estende um texto por cima da mesa*]

RM: Olha aqui. O Pedro Erber pediu para te entregar. [*leio incrédulo uma versão impressa da tradução japonesa da minha última conversa com Mori. O Pedro Erber, nosso amigo em comum, tarado pelo Japão e professor na Universidade de Tóquio, traduziu sem me avisar e publicou na revista dele lá. Não entendo nada, claro, mas percebo a mesma palavra circulada com pilot vermelho todas as vezes que aparecia*]

PP: E aí, gostou do texto?

RM: Apesar de eu parecer um daqueles imbecis que servem de escada pro Sócrates nos diálogos de Platão, gostei.

PP: Dedé Santana tem o seu valor. E você sabe que eu sempre fui um dramaturgo medíocre. [*mostro para ele a palavra circulada tantas vezes*] Que palavra é essa?

RM: Você não adivinha? [*pausa*] É *Pravda*, meu. Não lembra que, na nossa última conversa, foi assim que apelidamos o jornal único da tua cidade? O jornal que você tanto ridicularizou, qual era o nome mesmo? [*pausa*] Sim, *O Globo*.

PP: Impossível! Jamais falei mal do *Globo*. [*risos*]

RM: Depois de anos falando mal dos críticos de jornal, sobretudo de uma velha senhora chamada Barbara Heliodora, achei surreal quando o Pedro Erber me disse que você tinha ocupado o lugar dela no mesmo jornal que até outro dia te parecia o inimigo número 1 da crítica.

PP: A vida é cheia de *plot twists*.

RM: E gostou de ficar dando estrelinhas para os trabalhos, para o freguês escolher a peça antes da pizza?

PP: Nunca fiz isso. Foi a condição para aceitar o convite da editora do jornal à época.

RM: Menos mal.

PP: Mas você chegou a ler alguma crítica minha no jornal?

RM: Não.

PP: Tem um monte no meu Instagram...

RM: Não tenho Instagram.

PP: Você continua nessa onda de recusar a tecnologia?

RM: Nem todo mundo muda de ideia conforme a moda dos tempos!

PP: Baixou o Mishima?

RM: Obrigado pelo elogio. Uma honra ser comparado ao grande Mishima.

PP: Cuidado que Mishima sem o seppuku não é Mishima!

RM: Mas ele só partiu para o seppuku porque nunca tinha provado uma caipirinha tão boa quanto esta aqui.

PP: [*ergo o copo para um brinde. Ambos nos encaramos. Sorrimos. Brindamos*] Gosto tanto de você, Mori. Peraí. [*me inclino, pego na minha bolsa e dou para ele um exemplar do meu livro* Dramaturgias da crítica] Um presente. Minha obra completa dos anos *Globo*.

RM: Obra completa? Já?

PP: Me aposentei.

RM: [*irônico*] Se aposentou mesmo ou isso é só uma maneira elegante de dizer que foi demitido?

PP: As duas coisas. Na verdade, desde a pandemia, acabou o espaço da crítica de teatro no *Globo*. Agora as peças voltaram, mas o espaço da crítica não.

RM: É o fim da crítica?

PP: Você não precisava justificar de forma tão didática o título deste diálogo.

RM: Desde quando conversa de botequim tem título?

Mori folheia o livro, dá uma lida mais atenta no sumário e, na hora que está fechando, percebe a dedicatória. Tenta ler.

RM: Que letra horrível! [*Mori se concentra e finalmente entende a letra. Se emociona*] Muito obrigado, meu amigo, de verdade. E desculpa te xingar de Barbara...

PP: Não precisa se desculpar, vai ter volta. [*risos*] Aliás, quero direito de resposta agora mesmo!

RM: [*imitando um boxeador, Mori levanta a guarda e faz um gesto com as mãos como quem diz "vem"*] Sou todo ouvidos.

PP: Me empresta aqui rapidinho. [*Mori me passa o volume amarelo*] Deixa eu ler um pedaço da apresentação para você ver que a minha concepção de crítica não mudou nada desde a nossa última conversa. Aqui, ó [*leio em voz alta e pausadamente*]: "A crítica é uma forma de agradecimento. Aprendi com um poeta querido, Paul Celan, que em alemão pensar (*denken*) e agradecer (*danken*) têm uma mesma origem. Basta trocar uma letra. Quando algo me toca e me comove, eu agradeço pensando. E penso agradecendo."[5]

RM: Sim, me lembro bem do teu *denken-danken*, da crítica como pagamento de uma dívida de gratidão com as obras que realmente nos movem.

PP: Na verdade, parei de pensar em termos de "pagamento de dívida", como formulava no tempo do nosso último encontro, e mudei para "troca de presentes", que me parece mais hori-

---

5. Pessoa, P. *Dramaturgias da crítica*. Rio de Janeiro: Cobogó, 2021, p. 15.

zontal e menos cristão. No livro escrevi assim. Posso ler mais um pedaço ou você acha chato?

RM: Acho meio narcisista, mas adoro ouvir gente lendo em voz alta. Meu prazer de ir ao teatro vem daí. Quando leio, aliás, sempre tento ouvir a voz do autor, mas isso nem sempre é possível. Tem muito autor que se esconde.

PP: Eu não. [*limpo a garganta e leio em voz alta*] "A crítica é uma troca de presentes. Você (a obra) me desloca, me faz ver e sentir algo que eu não teria visto nem sentido sem você. Você amplia e transforma o meu olhar e, por extensão, o meu mundo. E eu agradeço te devolvendo um presente. Alguma coisa bonita guardada em algum desvão da memória que é acordada pelo teu toque. Peças de teatro são arretadas em despertar memórias involuntárias e associações livres, em abrir mundos que a gente tinha 'esquecido'. Como se houvesse isso, o esquecimento… E, na crítica, a gente põe essas memórias para jogo, propõe arranjos novos, descobre nas obras coisas que nem o pessoal que fez sabia que estavam lá. O gozo é este: quanto mais se dá, mais se tem."[6]

RM: Mas será que essa visão da crítica serve mesmo para todas as peças? E quando o trabalho não te dá presente nenhum? Como é que você faz para retribuir?

PP: Muito difícil um trabalho não te dar presente nenhum. Até do mais profundo mal-estar diante de uma peça sempre pode

---

6. Pessoa, P., op. cit., p. 15.

surgir uma centelha que produz uma associação e leva a gente para outro lugar.

RM: Só que, se o teu negócio é se entregar às tuas associações livres, você corre um risco grande de abandonar a peça e falar de outras coisas que pouco têm a ver com ela.

PP: De fato, esse é um risco meio inevitável.

RM: Mas você faz como para contorná-lo?

PP: Bebo uma caipirinha. Tim-tim, meu amigo, que bom que você está aqui. [*brindamos*]

RM: Engraçado, outro dia vi um documentário sobre o Eduardo Coutinho e ele diz quase isso. Tentando descrever o cerne do dispositivo que ele inventou, essa mistura de escuta com proximidade física (joelho com joelho, olhos nos olhos), ele conclui mais ou menos assim: "Mesmo eu sendo velho, a relação que acontece ali é sempre erótica. Se eu te dou alguma coisa e você me dá alguma coisa, esse é o sentido do erótico."[7]

PP: Bonita demais esta ideia: a escuta como uma forma de erotismo, de troca libidinal, de transferência. Pô, se você tivesse me dito isso antes, tinha dado para incluir no livro!

RM: Fica pro próximo! [*risos*] Mas aqui: escuta não tem a ver com uma certa duração? A duração de uma peça de teatro ou mesmo de uma sessão de psicanálise não dá para ser muito inferior a 50 minutos, não é não?

---

7. Ver https://www.youtube.com/watch?v=LCYKFscdLB0.

PP: Acho que não dá para estipular qualquer "número de minutos" *a priori,* mas entendo teu ponto. Se a coisa acontece rápido demais, às vezes não imprime, não acontece. Tudo tem que acontecer pelo menos duas vezes para se inscrever, para chegar a existir. Nesse sentido, concordo com Freud: tem o tempo de recordar, o tempo de repetir (caprichando nas variações, mínimas que sejam) e o tempo de elaborar. Aliás, teu butô é isso, né?

RM: [*subitamente entristecido*] Era isso sim, antes da pandemia. Era. [*suspira fundo*] Agora não sei mais o que é nem o que vai ser nem se ainda vai voltar a ser.

PP: O que houve? Me conta o que aconteceu! Fiquei preocupado contigo.

RM: Agora não. Talvez mais tarde. Vamos mudar de assunto.

PP: Bora beber mais então! [*para o garçom*] Por favor, mais duas, de limão, cachaça, sem açúcar.

RM: [*pausa. Mori fecha os olhos até conseguir retomar o fio da meada*] Se você concorda que alguma coisa precisa ter duração para acontecer, como é que uma crítica dessas de jornal, curta demais, sem duração nenhuma, pode se sustentar? Acho chato ficar cobrando coerência dos outros, mas na nossa última conversa você mesmo me convenceu disto: se a reflexão demanda duração, a duração demanda espaço, e no jornal isso é justo o que falta. Quanto que *O Globo* te pagou para você mudar de ideia? [*risos*]

PP: Mori, vou te dizer um negócio, mas por favor não espalha por aí: eu estava errado. Besteira associar reflexão unicamente com espaço. Não dá para medir a duração. Se fosse assim, qualquer *paper* acadêmico desses de vinte e tantas páginas ia ser melhor do que um poema.

RM: *Shame on you*, Mr. Patrick! [*risos*] É uma traição de classe depois da outra!

PP: Besteira esse papo de "o espaço da crítica diminuiu".

RM: No caso do *Globo*, não diminuiu, acabou mesmo. [*risos*]

PP: Independente disso, acho que só dá para pensar o espaço da crítica — não a do *Globo*, mas em geral — como metáfora.

RM: Não sei se existe um espaço da crítica em geral. Depende de onde se escreve, para quem se escreve, quantos caracteres se escrevem.

PP: Você tem razão. Um mesmo texto crítico muda totalmente de sinal dependendo do seu contexto de produção e de recepção. Mas, qualquer que seja o contexto, acho que o espaço da crítica não é espacial. O espaço da crítica é temporal. Gosto demais da sacada lacaniana do "tempo lógico": o espaço-tempo da sessão de análise, da crítica, de uma aula ou das tuas peças de teatro é a extensão mínima de duração para que algo possa acontecer. O critério último para a efetividade de uma crítica é a possibilidade de algo acontecer ou não com quem lê.

RM: Acontecer em que sentido? Uma crítica tem que acontecer do mesmo jeito que uma peça de teatro? Voltamos ao mesmo problema da última conversa. Para você continua não havendo nenhuma diferença entre um texto crítico e uma proposição artística?

PP: Essa sempre foi uma das pedras fundamentais da minha filosofia! [*risos*] Você deve ter reparado que eu publiquei a nossa última conversa com o título de "A arte da crítica", não reparou?

RM: Esse título é uma contradição em termos!

PP: Para mim, a crítica é uma forma de arte desde que torne possível que aconteça algo em quem lê. De preferência no corpo!

RM: Bom demais chorar à toa!

PP: Não é só sobre chorar. E nunca é à toa! Mas você tem razão. Uma crítica bem-sucedida faz acontecer ou reacontecer o acontecimento da obra, um acontecimento que não necessariamente tinha acontecido antes da crítica e certamente não aconteceria sem a crítica. Não tem acontecimento sem algum tipo de crítica, mesmo que espontânea e inconsciente.

RM: Mas então por que essa crítica espontânea e inconsciente, como você diz, não é o suficiente? Qual seria a necessidade dessa crítica que você pratica, digamos, artificial e consciente?

PP: Artificial e consciente como qualquer obra de arte, não é?

RM: Verdade. Mas tem alguma coisa que me faz tropeçar nessa tua pedra fundamental. Tem que ter diferença entre uma crítica e uma obra de arte!

PP: Não "tem que" nada!

RM: Então me explica melhor isso: o que você chama de acontecimento? E que história é essa de "fazer reacontecer um acontecimento"? De onde você tirou essa tautologia?

PP: [*pausa longa. Fecho os olhos. Recordo*] "A leveza é leve"...

RM: Hã?

PP: Você falou em tautologia, lembrei de um poema lindo demais que o Zacca, um grande amigo poeta, me apresentou outro dia. Posso dizer?

RM: De cor?

PP: É.

RM: [*fecha os olhos e abaixa a cabeça*] Diz!

PP: [*limpo a garganta*]

> Yuri viu que a Terra é azul e disse a Terra é azul.
> Depois disso, ao ver que a folha era verde disse
> a folha é verde, via que a água era transparente
> e dizia a água é transparente via a chuva que caía
> e dizia a chuva está caindo via que a noite surgia
> e dizia lá vem a noite, por isso uns amigos diziam
> que Yuri era só obviedades enquanto outros
> atestavam que tolo se limitava a tautologias
> e inimigos juravam que Yuri era um idiota
> que se comovia mais que o esperado; chorava

nos museus, teatros, diante da televisão, alguém
varrendo a manhã, cafés vazios no fim da noite,
sacos de carvão; a neve caindo, dizia é branca
a neve e chorava; se estava triste, se alegre,
essa mágoa; mas ria se via um besouro dizia
um besouro e ria; vizinhos e cunhados decretaram:
o homem estava doido; mas sua mulher assegurava
que ele apenas voltara sentimental. O astronauta
lacrimoso sentia o peito tangido de amor total
ao ver as filhas brincando de passar anel
e de melancolia ao deparar com antigas fotos
de Klushino, não aquela dos livros, estufada
de pendões e medalhas, mas sua aldeia menina,
dos carpinteiros, das luas e lobisomens,
de seu tio Pavel, de sua mãe, do trem,
de seus primos, coisas assim, luvas velhas,
furadas, que servem somente para chorar.
Era constrangedor o modo como os olhos
de Yuri pareciam transpassar as paredes,
nas reuniões de trabalho, nas solenidades,
nas discussões das metas para o próximo ano
e no instante seguinte podiam se encher de água
e os dentes ficavam quase azuis de um sorriso
inexplicável; um velho general, ironicamente
ou não, afirmara em relatório oficial que Yuri
Gagarin vinha sofrendo de uma ternura
devastadora; sabe-se lá o que isso significava,
mas parecia que era exatamente isso, porque

o herói não voltou místico ou religioso, ficou
doce, e podia dizer eu amo você com a facilidade
de um pequeno-burguês, conforme sentença
do Partido a portas fechadas. Certo dia, contam,
caiu aos pés de Octavio Paz; descuidado tropeçara
de paixão pelas telas cubistas degeneradas de Picasso.
Médicos recomendaram vodka, férias, Marx,
barbitúricos; o pobre-diabo fez de tudo
para ser igual a todo mundo; mas,
quando parecia apenas banal, logo dizia coisas
como a leveza é leve. Desde o início,
quiseram calá-lo; uma pena; Yuri voltou vivo
e não nos contou como é a morte.[8]

Mori e eu ficamos em silêncio por um bom tempo. Fitamos o horizonte vermelho e depois os olhos vermelhos um do outro. Estamos comovidos como o diabo. E não sentimos necessidade de nos esconder.

RM: Que beleza, meu amigo! Esse poema é mesmo um acontecimento.

PP: É do Eucanaã Ferraz, um poeta aqui do Rio.

RM: Do jeito que você disse, parecia que era teu.

PP: Aprendi com Borges que, quando digo um verso de Eucanaã Ferraz, de algum modo eu sou Eucanaã Ferraz. Lendo esse

---

8. Ferraz, Eucanaã. "El laberinto de la soledad". In: *Sentimental*. São Paulo: Companhia das Letras, 2012, p. 28.

poema, eu dou corpo ao astronauta lacrimoso Yuri Gagarin. Eu dou meu corpo a ele. E ele me dá o corpo dele. Era um pouco isso que eu estava tentando chamar de acontecimento: o encontro, ou melhor, o encontrão de um corpo com outro corpo, alguma coisa que consegue esbarrar na gente de um jeito que desloca a nossa posição subjetiva. E aí a gente não é mais o mesmo. Nem a gente nem o nosso mundo. Faz sentido para você?

RM: A ideia de dar corpo é fundamental para a minha prática. Dar corpo às palavras, dar corpo ao silêncio, transformar meu próprio corpo num albergue para tantos corpos outros, às vezes mínimos, um besouro, uma molécula de luz. A troca de presentes de que você falou tão bonito tem a ver mesmo com a corporificação de algo. Dar um presente para alguém é menos dar algo do que dar-se inteiro no gesto de dar. [*uma pequena faísca de felicidade brilha nos olhos de Mori*] O butô para mim é isso... [*a faísca se apaga*] Mas esse poema do Yuri Gagarin só reforça o que eu estava tentando te dizer: fiquei comovido assim por causa de um poema. Uma crítica não teria como "acontecer" desse jeito.

PP: Será que não?

RM: Não lembro de nenhuma que tenha acontecido assim para mim.

PP: Isso é porque você ainda não leu o meu livro. [*risos*] Agora falando sério: o que nesse poema te arrebata?

RM: A simplicidade, a proximidade, a concretude.

PP: Do poema ou da minha voz dizendo o poema?

RM: Do poema.

PP: Mas você acha que dá para separar o poema da voz que recita?

RM: Não, como ator eu sei que não dá para separar o poema da voz.

PP: Como crítico, te digo com tranquilidade: o poema não existe. O poema é sempre só um modo de dizer. Um poema, na sua carnadura concreta, é só um modo de fazer chegar um poema até alguém que escuta. Um poema é sempre a interpretação do poema.

RM: Não! Interpretação não! Arte não tem nada a ver com explicação!

PP: Desculpe, esqueci que você é japonês. Não estou falando de interpretação no sentido mais usual de explicação. Estou falando de interpretação no sentido de recitação, como nos recitais de música ou poesia. O que se diz é inseparável do modo de dizer. Esse modo de dizer, público ou privado, em voz alta ou em voz baixa, é o que no limite estou chamando de crítica. Crítica é uma questão de dicção. De divisão, no sentido de João Gilberto.

RM: Bom, mas aí nesse caso eu sou um puta crítico. [*risos*] Você acha mesmo que não há diferença entre um ator e um crítico?!

PP: Você não acha que a performance do corpo que caracteriza o teu trabalho se apoia numa coisa anterior, nisso que estou chamando de uma relação crítica, recitativa ou re-criativa, com o texto da peça, quando há — ou com a coreografia, a partitura física, a música, o programa performativo, a concepção da direção ou mesmo com a reação da plateia? Você não acha que dá para dizer que é uma certa atitude crítica que define as mínimas decisões estéticas, mesmo as inconscientes, que serão tomadas por um ator como você?

RM: Talvez...

PP: Aquela tua interpretação puramente física do Shlink em *Na selva das cidades* é um belo exemplo de crítica. Mesmo sem usar as palavras do texto do Brecht, você se deixou mover e comover tão profundamente por ele que, na recitação física do texto, me arrebatou completamente.

RM: Obrigado, meu amigo, muito bom saber que você gostou tanto daquele trabalho. Esta de fato sempre foi a essência do teatro para mim: para um texto como o do Brecht acontecer em mim, eu preciso estar eroticamente conectado, transferido com ele. E aí toda a minha arte consiste em fazer essa conexão chegar ao público. No butô, a gente não precisa falar em sentido convencional, porque minha voz se dissemina pelo meu corpo inteiro, por cada mínimo gesto. Minha presença e minha dança são meu discurso, não preciso de palavras.

PP: O exemplo do butô é ótimo para o que estou tentando pensar! Vê se faz sentido pra você. O acontecimento dependeria de uma transferência erótica (para o público) da transferência erótica (com a obra) vivida pelo artista, pelo crítico ou pelo professor, que nisso têm tarefa idêntica. Interpretar seria recitar muito mais no sentido de transferir carga libidinal do que de transferir qualquer conteúdo, saber ou mensagem. Aliás, essa imagem já estava lá em Platão, quando no *Íon* ele fala da pedra magnética,[9] do magnetismo que se transmite dos deuses para o aedo e do aedo para o rapsodo e do rapsodo para a plateia.

RM: Agora até parei de achar humilhante você me retratar como um personagem platônico... [*risos*]

PP: É isso! Pensar o acontecimento exige que a gente construa uma teoria do magnetismo! [*para o garçom*] Mais duas, por favor, sem açúcar!

RM: Até aí vou contigo. Olhando pela ótica da crítica como recitação, claro que o meu trabalho contém um germe crítico. O trabalho de qualquer ator. O problema para mim é quando você inverte a equação. Na prática, os críticos não recitam, citam. Além de citarem, ostensivamente explicam, contextualizam, traduzem.

PP: E os atores não fazem isso? Se o que um ator faz é recitar, no sentido de recordar, repetir e elaborar um material pré-ensaiado, introduzindo uma série de variações ou associações livres, mesmo que físicas, há aí um tanto de contextualização e tradução.

---

9. Platão. *Íon*. Belo Horizonte: Autêntica, 2011, p. 37.

RM: Talvez até haja, mas não de modo ostensivo. Numa boa: se atuar muitas vezes é repetir palavra por palavra um texto, o que seria de um crítico que apenas repetisse palavra por palavra o texto a criticar?

PP: Seria um Pierre Menard, aquele personagem do Borges, o crítico ideal!

RM: Nãaaaaaoooooo! Pierre Menard só pode aparecer como um bom crítico porque conta com o narrador do conto contextualizando o seu projeto em terceira pessoa. O exemplo de Pierre Menard é, literalmente, o fim da crítica!

PP: Adoro a ambiguidade da palavra "fim"!

RM: Posso te fazer uma pergunta pessoal?

PP: [*balanço a cabeça afirmativamente*] Sempre.

RM: Por que você insiste em querer equiparar crítica e criação artística? Às vezes me parece que você fica recalcado de ser crítico quando gostaria de ser artista, e aí, em vez de assumir os riscos da criação, fica querendo legitimar retoricamente o teu trabalho como se ele já fosse criação no mesmo sentido em que o meu é criação.

PP: Isso é o que eu chamo de golpe baixo! [*risos*] Agora você está me acusando de fetichizar e auratizar o trabalho artístico? Logo eu que nem gosto de falar de criação, porque remete a um negócio meio teológico, e que prefiro chamar os artistas de "trabalhadores da cultura"?! Francamente...

RM: Não sou eu que ando babando atrás de uma atriz famosa...

PP: E ainda me diz que não tem rede social! Deixa de ser fofoqueiro, Mori! [*risos*]

RM: Claro que, em alguma medida, o teu trabalho é criativo, compositivo, poético no sentido de Aristóteles, claro que o teu trabalho implica um pensamento dramatúrgico, como o próprio título do teu livro sublinha, mas tem alguma coisa no teu dispositivo-crítica que é muito diferente do que ocorre no meu dispositivo-ator. Ou no dispositivo de um artista visual, de um músico, de um romancista...

PP: "Você tem razão, mas vamos mudar de assunto?": era assim que Deleuze respondia quando lhe faziam alguma objeção.[10] [*risos*] Você tem razão: não faz mesmo sentido ficar querendo defender a crítica como uma forma de arte. Sei que a crítica não é uma ciência, mas não sei se ela é uma arte. E, numa boa, nem sei se isso importa. Sendo ou não arte, a legitimidade da crítica virá de sua capacidade de produzir em quem lê um acontecimento, um deslocamento subjetivo, uma mudança de posição que torne as suas experiências mais carregadas de libido, de tesão, de complexidade, de riqueza!

RM: Se a gente deixar de lado todas as torções conceituais que você vem tentando fazer na minha cabeça desde a nossa última conversa, tipo dizer que crítica não tem nada a ver com juízo,

---

10. Deleuze, G.; Parnet, C. "Uma conversa: O que é, para que serve?". In: *Diálogos*. São Paulo: Escuta, 1984, p. 9.

que a crítica pra valer é sempre positiva, que o crítico continua a obra, que crítica é coautoria etc, um fato permanece difícil de refutar: uma rosa é uma rosa é uma rosa. Uma crítica é uma crítica é uma crítica. Um poema é um poema é um poema. Salvo raras exceções, a maioria das pessoas reconhece de cara a diferença entre uma coisa e outra. Os modos de produção são diferentes. E os modos de recepção também.

PP: Mas não o fim: a vontade de fazer algo acontecer.

RM: Talvez, mas o fim não iguala os meios. E muito menos justifica.

PP: Você tem razão, mas vamos mudar de assunto? [*risos*]

RM: Vamos, essa é uma conversa infinita, e desconfio que não leve a lugar nenhum.

PP: Lugar nenhum sempre foi meu destino preferido! [*risos. Para o garçom*] Pode trazer duas saideiras, por favor? [*para Mori, sério*] Agora você pode me dizer o que houve? Por que de repente você ficou tão triste quando a gente começou a falar do teu butô? O que aconteceu, meu amigo?

RM: A pandemia, não sei se você reparou. Os teatros no Japão estão fechados há mais de dois anos. Eu gastei todas as minhas economias e segui ensaiando diariamente, como se fosse estrear na semana seguinte. De seis a oito horas por dia, sozinho, sem a minha equipe, uma solidão inominável.

PP: E você não fez nenhuma apresentação nesse tempo todo?

RM: Como eu ia fazer, com os teatros fechados e todo mundo morrendo de medo?

PP: Aqui no Brasil o povo do teatro começou a fazer peças online.

RM: Isso não é teatro.

PP: Como assim, isso não é teatro?

RM: O teatro é uma arte viva, presencial, radicalmente física. O teatro, ainda mais o butô, pressupõe um grupo de pessoas compartilhando o mesmo espaço e o mesmo tempo. Pressupõe que os artistas façam ao vivo o que fazem, permaneçam expostos ao erro, aos acidentes, ao imprevisto, ao improviso. É isso que garante essa eletricidade deliciosa que pulsa nas salas em que me apresento. É dessa eletricidade que eu me alimento. Sem a presença física compartilhada de artistas e espectadores, acho um absurdo continuar chamando alguma coisa de teatro. "Teatro online" para mim é uma contradição em termos, um oximoro!

PP: Não sei não. Os meus quatro últimos textos para *O Globo*, que estão aí no finalzinho do meu livro, foram escritos no começo da pandemia e eram críticas de peças teatrais online. As críticas se parecem muito com as críticas das peças presenciais. Acho que, em muitos sentidos, as peças online também se parecem muito com as peças presenciais...

RM: Impossível! A mediação da tela perverte tudo...

PP: Nada contra as perversões, muito pelo contrário! [*risos*] E você sabe bem, meu amigo, que a presença física não garante nada. Na maior peça das peças presenciais, não acontece nada. Mesmo com a presença física dos artistas em cena e dos espectadores na plateia.

RM: A presença física pode não ser condição suficiente para o acontecimento. Mas é condição necessária para alguma coisa ser teatro.

PP: Será? Eu vi peças online que realmente aconteceram para mim, como o *Camming 101 noites*, da Janaina Leite. Nesse trabalho, ela conta ao vivo para a câmera como foi ser *camgirl* durante 101 noites, ganhando por minuto e, portanto, tendo que radicalizar em todas as técnicas de sedução de espectadores. O relato era atravessado por uma voz tão verdadeira que, a certa altura, esqueci da existência da tela. Parecia que eu estava no teatro...

RM: Isso não é teatro!

PP: Você recusa que o teatro possa usar projeções em vídeo? Isso rola desde Piscator, pelo menos, há mais de cem anos...

RM: Uma coisa é usar projeções em vídeo, outra coisa é ser integralmente uma projeção em vídeo...

PP: Meu amigo, uma das coisas mais legais que vi durante a pandemia foi um ensaio em vídeo justamente sobre esse debate. Não tinha a intenção de ser uma peça de teatro online, porque era tudo pré-gravado, nada estava sendo feito ao vivo, mas o texto era recitado magistralmente por um dos atores de que mais gosto, o Lázaro Gabino Rodríguez, lá do México. Conhece ele?

RM: O Gabino do Lagartijas Tiradas al Sol?[11]

PP: Ele mesmo.

RM: Conheço demais. Fizemos uma residência juntos em Lanzarote e gostei muito dele.

PP: O Gabino detona esse teu papo de que isso não é teatro. E eu estou com ele. Essa história de "isso não é teatro" me lembra muito o dogmatismo da velha Barbara Heliodora...

RM: A personagem Barbara é você, Patrick, não eu.

PP: Em teatro contemporâneo não tem essa de identificar ator e personagem. Uma mesma personagem pode atravessar vários atores...

RM: E como eu faço para ver o vídeo do Gabino?

PP: O vídeo se chama "Toda vez que alguém diz 'Isso não é teatro', uma estrela se apaga no céu". Bora ver agora? São só 15 minutos.

RM: Ver onde?

PP: Aqui no meu celular.

---

11. Companhia teatral fundada em 2003 na Cidade do México por Luisa Pardo e Lázaro Gabino Rodríguez.

RM: No celular, sério?! Pode ser, mas então pede mais duas, vai.

PP: [*para o garçom*] Omar, a saideira das saideiras, por favor.

Vou ao link[12] e abro o vídeo no meu celular assim que chegam as saideiras. Eu e Mori passamos os 15 minutos seguintes ali, lado a lado, em silêncio, entre um gole e outro.

Quando o filme acaba, olho para Mori, esperando que ele pragueje alguma coisa contra o teatro virtual, mas ele me olha e começa a chorar convulsivamente. Como eu mesmo já fui um bêbado chorão, fico me perguntando se as cinco caipirinhas que cada um tomou foram demais para ele. Mas algo me diz que não pode ter sido só o álcool. Por alguma razão que não penetro com clareza, o vídeo serviu de gatilho para despertar uma dor muito mais profunda.

Ele está tão abalado que evito perguntar diretamente pelas causas de sua dor. Reservado como é, provavelmente ele não me diria.

Fico ali a seu lado, tentando consolá-lo o melhor que posso apenas com a minha presença e o meu carinho.

Depois que ele finalmente se acalma, chamo um Uber e o deixo no hotel. Já bastante bêbados e cansados, prometemos nos reencontrar antes que outros sete anos se passem, mas nenhum dos dois tem ideia de como viabilizar um novo encontro.

Rio de Janeiro, 6 de junho de 2022

---

12. Link para o vídeo "Cada vez que alguém diz 'Isso não é teatro' uma estrela se apaga", de Lázaro Gabino Rodríguez. Disponível em: https://www.youtube.com/watch?v=X1feEhCxGO0.

Pós-escrito

Depois daquela tarde em junho de 2022, passou-se um ano até que eu recebesse notícias de Mori. Novamente por carta, ele se desculpa pelos "excessos sentimentais no Bar do Omar" e confessa que agora finalmente tinha conseguido vencer a depressão que rondara sua vida durante toda a pandemia e que só começou mesmo a declinar na época daquela sua visita ao Brasil. No momento em que me escrevia a carta, ele enfim tinha voltado aos palcos com uma montagem da *Gaivota*, de Tchékhov, na qual interpretava o papel de Konstantin Gavrílovitch. Sem palavras, como já havia feito com Shlink. Mori termina a carta dizendo que a plateia estava recebendo muito bem seu novo trabalho e que até mesmo os críticos pareciam ter entendido alguma coisa.

Respondi também por carta:

Rio de Janeiro, 7 de julho de 2023

Prezado Mori, estou a uma semana de minha estreia como ator. Eu mesmo escrevi o texto, mas temo que ele ainda não esteja totalmente pronto. A peça conta a história de um crítico teatral em crise que decide se tornar ator. Como o personagem do crítico tem imensa dificuldade em decorar suas falas, usa um ponto escondido do resto do elenco. Tudo vai bem até que a pessoa que lhe sopra o texto vai embora e o deixa desamparado em cena. Quando você vem ao Rio? Quero muito que você veja o trabalho e faça a crítica. Depois da vitória de Lula e do fracasso do golpe tentado pelos generais da linha psicopata, as coisas estão melhorando e já é possível novamente respirar alguma esperança.

Posfácio: Um crítico com uma lanterna de bolso

Nos anos 1990 a crítica estava na crista da onda e marcava a sua presença nos principais suplementos de cultura que circulavam no país. Hoje ela se refugia em algumas revistas eletrônicas, postagens espontâneas em blogs e outras redes sociais e em periódicos acadêmicos. Cada vez mais distante do espectador leigo e do debate público, o seu fim é alardeado por pessoas que a exercem nas mais diversas áreas, não obstante o esforço de seus profissionais e entusiastas. Aqui e ali se inventariam algumas das razões: uma lógica narcísica das redes sociais que exclui o dissenso; o avanço da lógica de mercado sobre a arte e a confusão entre resenha e *release* nos jornais; a busca do espectador pelo contato com comunicadores de YouTube em substituição aos veículos tradicionais. Todos esses motivos são muito certos, mas temo que nossa busca por explicações tenha ofuscado um pouco o debate sobre as funções da crítica, que, ademais, é de suma importância para compreender sua perda de espaço. O que pode a crítica hoje? Que diferença ela ainda é capaz de exercer na cena?

São perguntas como essas que me surgem durante a leitura de *Metamorfoses da crítica*. Cada texto deste livro de Patrick Pessoa está encharcado do debate sobre a função da crítica, coisa que se torna clara nos textos escolhidos para abrir e fechar o volume. Quero comentar brevemente a imagem que se apresenta em cada um deles.

O primeiro texto, "A arte da crítica: Conversa entre um ator japonês e um crítico brasileiro", é escrito como uma cena, um diálogo entre um ator, Ryunosuke Mori, e o próprio Patrick. E, como em toda cena, os detalhes formais desse ensaio, que à primeira vista podem parecer meros adornos, são essenciais para a construção do todo. Não deve escapar ao leitor o fato de que um pequeno texto narrativo antecede o diálogo, situando-o como uma conversa tida há muito tempo, em 2015. "Reproduzo abaixo, de memória, o diálogo que tivemos naquele dia", nos diz o narrador. Não me interessa tanto, a partir dessa sentença da distância da memória, compreendê-lo como um narrador confiável ou não. Também não se trata de destacar o caráter mais ou menos real do acontecimento retratado. Trata-se, antes, do caráter de construção *a posteriori*: o crítico reencena a conversa crítica (e etílica, com caipirinhas de caju) com o ator — e, dessa forma, atua a si mesmo e a seu amigo em sua escrita.

E para quê? O diálogo apresenta algumas respostas para essa pergunta. Não quero resumir todas as teses, mas vale a pena nos debruçarmos sobre uma delas. Uma convicção de Patrick é a de que a crítica não pode se entregar ao império da mercadoria e ser mero "guia de consumo" ou "papel de bala" (evocando, indiretamente, o título do célebre ensaio de Flora Sussekind a esse propósito), apresentando as obras em pequenos resumos como uma espécie de embalagem superficial que elenca seus elementos mais aparentes. Tampouco deveria ser o exercício de um poder policial que quer corrigir a arte em nome de regras de composição previamente estabelecidas. Para evitar esses dois perigos, Patrick sugere que a crítica pode ser uma forma de potencializar a nossa experiência estética a partir da reencenação da obra num texto crítico. Crítica para quê? Para ver de novo e, vendo de novo, ver diferente, intensificando o alcance da obra e multiplicando as suas camadas.

Nesse sentido, a crítica é concebida não como uma ciência que pretende conhecer a obra (embora tome emprestado das ciências certos dispositivos), mas como uma arte, no sentido de que propõe uma determinada experiência com a obra. Algo muito próximo dos românticos alemães, para quem a crítica é não um julgamento, mas uma intensificação da arte, e um bom prefácio (ou posfácio) seria ao mesmo tempo "raiz e quadrado" das obras. Se a crítica é uma arte, ela não atinge um conhecimento, mas se demora na relação com seus materiais. O crítico escreve, então, para os espectadores (que podem, através da crítica, ver de novo e diferente), para os próprios artistas (que podem trocar de posição no texto e se tornar espectadores de uma reencenação) e, sobretudo, para si mesmo. Escreve para rememorar. A crítica é uma arte e o crítico é um coautor que *a posteriori* retrabalha a forma — como nós, na rememoração, somos autores dos acontecimentos que rememoramos, pois retrabalhamos a sua forma, o que certamente não deixa o conteúdo intacto.

Na rememoração, nem o rememorado nem quem rememora permanecem os mesmos. Nem na crítica. Isso se manifesta no diálogo sobre a arte da crítica nas mãos do crítico e do ator, que estão segurando as caipirinhas de caju, que apareceram nesse texto entre parênteses, mas que merecem mais que isso. A embriaguez marca um ritual: Dioniso é convocado a este livro sobre o teatro. E a cena se transforma, com esse embaralhamento. Mais ainda, uma metamorfose se realiza com a bebida — bem à brasileira, nesse caso.

Metamorfoses da crítica é um título ambivalente. A crítica opera metamorfoses nas obras de arte, metamorfoseia o próprio crítico, seu leitor, e, principalmente, metamorfoseia a si mesma. Daí que os ensaios deste livro incorporem diferentes dispositivos de escrita: diálogos, cartas, fragmentos, panfletos, diários, aulas de filosofia, crônicas, manifestos... Aqui as formas estão mudando e vão além de si mesmas. Como compreender essa transformação permanente das formas da crítica? Qual princípio rege essas metamorfoses?

Aí vai o que Ovídio teria a dizer sobre o assunto se o seu poema se chamasse "Como as coisas se transformam":

Lá onde havia terra, aí mar havia e ar.
Assim, a terra era instável, inavegável o mar,
o ar privado de luz. Nada mantinha a própria forma,
cada um se opunha aos outros porque, num único corpo,
o frio lutava com o quente, com o seco lutava o úmido,
o mole lutava com o duro, o pesado com o sem peso.

Mas o poema se chama *Metamorfoses* e foi publicado há dois milênios. Esses versos tematizam a relação da forma com o que é informe. Costumamos chamar de artistas aquelas pessoas que sabem transformar a nossa percepção diante da realidade de maneira a atribuir a ela uma nova imagem, mediante uma operação que intervém nessa relação entre os elementos, propondo novas conexões entre as pequenas coisinhas que compõem o que chamamos de realidade. Quer dizer, nós chamamos de arte essa estranha capacidade que temos de variar aquilo que existe a partir de uma nova perspectiva.

A forma é sempre uma perspectiva, dirá o personagem Patrick Pessoa, qualificando a ação do crítico como uma espécie de gesto reconfigurador da obra. A crítica é, em suas palavras, uma "reconfiguração perspectiva" que, metamorfoseando a obra em um novo corpo, dá a ela uma nova capacidade de ação. Mas, para dar essa nova forma, é preciso que a forma mude seu ponto de vista: então ela também deve se metamorfosear, isto é, transformar a sua forma. É o que Patrick nomeia como uma "reconfiguração prospectiva".

É dessa maneira que, por exemplo, ao analisar uma obra do passado, é possível "um movimento de mão dupla: a capacidade de o passado iluminar o presente será proporcional à capacidade de o presente reconfigurar o passado, despertando virtualidades que nele permaneciam adormecidas, instaurando uma nova história para além de todo fatalismo objetivista".[1] Isso vale para um artista que queira adaptar, traduzir ou resgatar uma obra de arte do passado, ou para o crítico que a desdobra em seu ensaio.

O crítico como artista... Na sua *Carta do vidente*, Arthur Rimbaud formulou a imagem do poeta como um ladrão de fo-

---

1. Pessoa, Patrick. *Notas sobre a atualidade da "estética da fome"*. Crítica da peça Deus e o diabo na terra do Sol, da Definitiva Cia. de Teatro. In: *Questão de Crítica*, Vol. VII, nº 62, jun 2014.

go, remetendo-o à figura mitológica de Prometeu. Num ensaio sobre Américo Facó, Carlos Drummond de Andrade operou uma metamorfose nessa imagem, transformando a poesia em uma coisa *menor*. "O poeta não é o portador do fogo sagrado", ele diz, "mas o precavido possuidor de uma lanterna de bolso, que abre caminho entre as trevas do dicionário". Gosto da fragilidade dessa imagem, e de pensar que, vez ou outra, essa lanterninha fica com a pilha fraca. A luz acende e apaga antes que possamos antever o significado das palavras. É também com uma lanterninha na mão que o crítico Patrick Pessoa entra no teatro, renunciando ao antigo papel da razão esclarecedora que queria lançar seus holofotes sobre a criação artística. Com uma luz menor nas mãos, o crítico pode se sentar junto de quem faz a arte da cena. Para fazer também alguma coisa ali.

E se no primeiro texto de *Metamorfoses da crítica* ele se encontra com o ator japonês para pensar a *poiesis* (e, com isso, não apenas a criação, mas o princípio) da crítica, nas últimas páginas eles se reencontram, alguns anos depois da primeira conversa, para pensar o seu *télos*, o seu fim. Tudo no segundo texto funciona como uma rima do primeiro, por semelhança e diferença. Patrick quer que você perceba isso: a reencenação não é repetição, mas transformação que ecoa alguma coisa do ocorrido e o mistura ao ruído da novidade. O ano é 2022, temos uma "nova conversa entre um ator japonês e um crítico brasileiro", eles tomam caipirinha, mas dessa vez de limão, e o título do texto é "O fim da crítica". Agora o crítico afirma que se aposentou: não escreve mais para o jornal *O Globo*, em parte porque, durante a pandemia, acabou o espaço da crítica de teatro em suas páginas. "É o fim da crítica?", pergunta o ator Ryunosuke Mori, como tantos críticos brasileiros. "O espaço da crítica diminuiu", afirma Patrick. Depois de muitos anos e caipirinhas, a vertigem agora é outra: o fim da crítica. "Adoro a ambiguidade dessa palavra", diz o personagem Patrick, sublinhando que esse texto também pensa a finalidade da crítica.

No diálogo de 2015, Patrick estava interessado na esfera da produção da crítica; no de 2022, na recepção. "O critério último para a efetividade de uma crítica é a possibilidade de algo acontecer ou não com quem lê", ele afirma. A noção de obra é substituída pela de acontecimento. "Uma crítica bem-sucedida faz acontecer ou reacontecer o acontecimento da obra, um acontecimento que não necessariamente tinha acontecido antes da crítica e certamente não aconteceria sem a crítica." Devemos confiar no crítico e assumir que se trata mesmo de uma questão diferente daquela do primeiro texto? O que o crítico faz é um acontecimento *a posteriori* da obra — é a outra face da mesma moeda com qual Patrick comprou a sua máscara de crítico-ator no princípio do livro. Ator no sentido radical da palavra — é isso que Patrick quer fazer quando faz uma crítica, ele quer agir e fazer com que você sinta que alguma coisa aconteceu.

Como sabemos que alguma coisa aconteceu? Eu não sei exatamente. Prefiro tentar responder a essa pergunta com uma lembrança. Fui aluno do Patrick durante muito tempo, e ele me orientou durante o meu mestrado. Suas aulas, naquela época, tinham analogias e imagens que mexiam comigo. Alguma coisa mudava. Uma dessas imagens, bastante inusitada, me surgiu como associação livre quando estava escrevendo este texto a partir da expressão com que abri o primeiro parágrafo, quando disse que nos anos 1990 a crítica estava na crista da onda. A lembrança é a seguinte: em 2010 Patrick fez uma comparação entre a crítica, o desejo e o mar. Se a onda for grande demais, ele dizia, você pode: a) tomar um caixote e se estrepar; b) furar a onda e escapar dela, esperando a próxima; e c) surfar. Para um estudante de graduação numa aula sobre o conceito de crítica de arte no romantismo alemão e em Walter Benjamin, aquela imagem tinha o frescor e a estranheza da novidade. De repente uma prancha de surfe apareceu na minha cabeça. Era com ela que eu seguiria então. E ele disse: é o mesmo com o desejo. "Tá vindo a onda do desejo, e ela tá estourando muito perto de você. Talvez tentar furá-la signifique tomar um caixote... e você se pergunta: dá pra surfar essa daí?" Que imagem boa. Mas e a crítica? Ele dizia ainda: enquanto o crítico impressionista se perde no mar da obra e o resenhista comercial se esquiva das suas forças subterrâneas, quem quer ter uma experiência transformadora com a obra deve estar com a sua prancha preparada.

As aulas do Patrick nunca me saíram da cabeça. Em parte pela força das imagens, mas por outro lado também porque ele não escrevia essas coisas em livro. Havia o livro sobre Brás Cubas, aqui e ali uma dramaturgia, mas nenhuma obra que apresentasse sua concepção de crítica de uma forma que pudéssemos transformar aquilo em algo nosso. Então a gente tinha que segurar essas cenas e essas ideias com a gente. Àquela altura o Patrick era, nitidamente, alguém que tomava a sala de aula como arte e, com isso, sempre pensou sobre o fim e a finalidade da aula enquanto pensava o princípio e o fim da crítica. E quando a gente encontra uma coisa assim, que mexe com a gente, a gente quer compartilhar essa coisa. Não é isso, também, o sentido de crítica neste livro que ele publica agora? Alguma coisa que testemunhamos e que, não obstante só faça sentido para nós mesmos, queremos dividir com alguém, com todo mundo? Não é esse o dilema da crítica? Essa fala que ocupa o impossível entrelugar do particular e do universal, do próprio e do geral, o lugar da experiência estética em seu sentido mais radical?

O que encontro neste livro é algo que me faz lembrar daquela sala de aula. E talvez você, leitor, encontre aqui o que também estava lá: um poder de escuta sem igual; uma energia erótica que atravessa como uma corrente elétrica cada palavra; um polo magnético para a crítica contemporânea, e não apenas de teatro; uma curadoria de trabalhos entre os mais relevantes dos últimos anos nos palcos; tudo isso aliado a um frescor e juventude que se expandem em cores vivas. Homero e a história colonial, Rothko e Bataille, Grace Passô e o Butô, uma pequena história das maneiras de gozar e da arte panfletária... Mas esqueça a língua dos acadêmicos, assim como o blá-blá-blá impressionista do juízo de gosto. Rigor e corporeidade, forma e experiência, cores e conceito, tudo isso se mistura aqui, como na fala viva da memória onde ainda escuto o Patrick.

Que mais? Vale agora aquilo que um outro professor escreveu à guisa de prefácio de seu romance — no entanto, aqui o sentido dessa palavra *muda* (como tudo o que é vivo está mudando): *virem-se*!

Rafael Zacca

Poeta, crítico e professor no departamento
de filosofia da PUC-Rio

Agradecimentos

Agradeço a todos, todos e todas as artistas envolvidas na criação dos trabalhos que inspiraram os ensaios aqui reunidos. Desejo que esses textos sejam apenas pontos de partida para conversas infinitas.

Agradeço especialmente a Daniele Avila Small, fundadora e editora da revista *Questão de Crítica*, publicação fundamental para a crítica teatral brasileira, grande parceira e incentivadora das minhas críticas experimentais, por ter aberto o espaço de sua revista para a publicação original de nove das 15 críticas aqui reunidas. Agradeço também a Vladimir Vieira, que fundou e edita em parceria comigo desde 2007 a revista *Viso: Cadernos de Estética Aplicada*, que publicou originalmente outras três das críticas aqui reunidas. Agradeço ainda a Michele Rolim, pela publicação de duas das críticas aqui reunidas no site *Agora\Crítica teatral*, que me orgulho de ter ajudado a fundar. E agradeço a Maria Clara Ferrer, pelo convite para publicar no dossiê dedicado à obra de Marcio Abreu na revista *Sala Preta*.

Agradeço à parceria da Editora Cobogó, dirigida por Isabel Diegues e administrada por Melina Bial, parceiras de longa data com a qual já fiz três livros autorais e contribuí com textos de ocasião em diversas obras de outros autores, e especialmente a Aïcha Barat, que preparou os originais deste livro com o olho de águia que lhe é característico. Agradeço ainda aos designers Fabio Arruda e Rodrigo Bleque (do Cubículo), por terem conseguido preservar o mesmo conceito da capa amarela das *Dramaturgias da crítica* nesta capa roxa das *Metamorfoses da crítica*.

Agradeço a Janaina Leite pela leitura dos originais, um áudio inesquecível sobre o arco dramatúrgico deste livro e a redação de uma orelha que é uma verdadeira crítica em pequeno formato. E a Rafael Zacca, pela elaboração de um posfácio que lança muitas luzes sobre o material aqui reunido com base na história da nossa longa colaboração, da nossa já antiga história de amor.

Agradeço aos leitores-curadores que me ajudaram na ingrata tarefa de escolher apenas 15 ensaios dentre os 24 que gostaria de ter publicado neste volume: Pedro Caldas, Alexandre Costa, Luisa Buarque, Daniel Guerra, Gustavo Pacheco e Jessica Di Chiara.

Agradeço aos colegas do Departamento de Filosofia e do Programa de Pós-Graduação em Filosofia da Universidade Federal Fluminense (UFF), que sempre incentivaram a minha vida dupla ou tripla de professor de filosofia, crítico de teatro e curador.

Agradeço especialmente a todos os alunos e alunas que passaram pelos meus grupos de estudo na UFF desde 2009, voltados para a leitura e análise de peças teatrais, livros de teoria teatral e críticas de teatro.

Agradeço a todas as companheiras e companheiros que promovem festivais de teatro Brasil afora e que militam na crítica teatral das mais diversas formas e nos mais diversos formatos, mantendo heroicamente vivos tanto festivais quanto sites de crítica teatral sem a devida subvenção estatal. Agradeço especialmente a Antonio Araújo, Guilherme Marques e Rafael Steinhauser, diretores da Mostra Internacional de Teatro de São Paulo, onde vi algumas das peças que mais me marcaram na vida. Duas dessas peças são (re)apresentadas neste livro: *An Old Monk* e *História do olho*. Agradeço ainda a Leandro Knopfholz e Fabiula Passini, por manterem o Festival de Teatro de Curitiba vivo há mais de trinta anos. Foi no Festival de Curitiba que vi *Vaga carne*, de Grace Passô, em sua estreia nacional, e o projeto *Ilíadahomero*, de Octavio Camargo, e *Colônia*, de Gustavo Colombini e Vinicius Arneiro, outras três peças (re)apresentadas neste livro.

Agradeço a Mary Vanise, ao meu pai Gustavo Pessoa e à minha mãe Maria Carmen Lobo, por terem me dado a vida e por continuarem perto. Vocês estão proibidos de morrer!

Agradeço aos meus filhos, Bernardo Tandeta Pessoa e Elisa Botkay Pessoa, e à minha enteada, Antonia Pitanga, três pessoas que admiro imensamente e que são críticos procedimentais natos.

Agradeço à minha companheira de vida Camila Pitanga, por me fazer experimentar cotidianamente o que neste livro chamo de acontecimento.

Referências bibliográficas

CRÍTICA COMO DIÁLOGO
A arte da crítica: Conversa entre um ator japonês e um crítico brasileiro

Barthes, Roland. "O que é a crítica". In: *Crítica e verdade*. Tradução de Leyla Perrone Moisés. São Paulo: Perspectiva, 2013.

Benjamin, Walter. *O conceito de crítica de arte do romantismo alemão.* Tradução de Márcio Seligmann-Silva. São Paulo: Iluminuras, 2002.

Brecht, Bertolt. *Estudos sobre teatro*. Tradução de Fiama Pais Brandão. Rio de Janeiro: Nova Fronteira, 1978.

Lukács, György. "Sobre a forma e a essência do ensaio". In: *A alma e as formas*. Tradução de Rainer Patriota. Belo Horizonte: Autêntica, 2015.

Schelling, Friedrich. *Sistema del idealismo transcendental*. Organização de J. Rivera de Rosales y V. López Dominguez. Barcelona: Anthropos, 1988.

CRÍTICA COMO CARTA
Peça de resistência — Carta para Grace Passô a partir da peça *Vaga carne*

Adorno, Theodor. *Tres estudios sobre Hegel*. Tradução de Victor Sanchez de Zavala. Madri: Taurus, 1969.

Borges, Jorge Luis. "O imortal". In: *O aleph*. Tradução de Flávio José Cardozo. São Paulo: Globo, 1997.

Brecht, Bertolt. "Apague os rastros". In: *Poemas (1913-1956)*. Tradução de Paulo Cézar de Souza. São Paulo: Ed. 34, 2012.

Cronenberg, David. The Fly [*A mosca*]. Estados Unidos: 20th Century Fox, 1986.

Eliot, T. S. "The Waste Land". In: *The complete poems and plays*. Nova York; San Diego; Londres: Harcourt, 1980.

Levin, Hanoch. *Krum*. Tradução de Giovana Soar. Rio de Janeiro: Cobogó, 2016.

Palavra Cantada. "Sopa", 1986.

Pirandello, Luigi. *Um, nenhum e cem mil*. Tradução de Maurício Santana Dias. São Paulo: Cosac & Naify, 2001.

Visconti, Luchino. *Morte a Venezia* [*Morte em Veneza*]. Itália; França: Pandora Filmes, 1971.

Mão invisível — Carta para Marcio Abreu a partir das peças *Nós, Krum e Nômades*

Abreu, Marcio. *Maré e projeto brasil*. Rio de Janeiro: Cobogó, 2016.

_____. "Roteiro de uma fala". In: Small, Daniele A.; Oliveira, Dinah (orgs.). *3º Encontro Questão de Crítica*. Rio de Janeiro: Sette Letras, 2016.

Badiou, Alain; Truong, Nicholas. *Elóge de l'amour*. Paris: Flammarion, 2011.

Deleuze, Gilles. *Francis Bacon: Lógica da sensação*. Tradução de Roberto Machado e equipe. Rio de Janeiro: Zahar, 2007.

Fellini, Federico. *Prova d'Orchestra* [*Ensaio de orquestra*]. Itália, 1978.

Hitchcock, Alfred. *Rear Window* [*Janela indiscreta*]. Estados Unidos: Paramount Pictures, 1954.

Hölderlin, Friedrich. "Pão e vinho". In: *Poemas*. Tradução de José Paulo Paes. São Paulo: Companhia das Letras, 1991.

Pessoa, Patrick. "O dramaturgo como trapeiro". In: Abreu, M.; Pessoa, P. *Nômades*. Rio de Janeiro: Cobogó, 2015.

Sartre, Jean-Paul. "Huis clos". In: *Théâtre complet*. Paris: Gallimard, 2005.

Szymborska, Wisława. "Impressões do teatro" e "Agradecimento". In: *Poemas*. Tradução de Regina Przybycien. São Paulo: Companhia das Letras, 2011.

CRÍTICA COMO AGRADECIMENTO
Depois do filme — para Aderbal Freire-Filho

Freire-Filho, Aderbal. *Depois do filme: Cinema falado*. Rio de Janeiro: Gráfica Singular, 2011.

Cohen, Joel; Cohen, Ethan. *The Man Who Wasn't There* [*O homem que não estava lá*]. Estados Unidos: USA Films, 2001.

Heráclito. *Fragmentos contextualizados*. Tradução de Alexandre Costa. São Paulo: Odysseus, 2012.

Oliveira, Domingos. *Juventude*. Brasil: Urca Filmes, 2008.

Machado de Assis, Joaquim Maria. *Memórias póstumas de Brás Cubas*. São Paulo: Abril Cultural, 1978.

Pollack, Sidney; Perry, Frank. *The Swimmer* [*Enigma de uma vida*]. Estados Unidos; Reino Unido: Columbia Pictures; Horizon Pictures, 1968.

Why the horse? (Por que somos tão cavalos?) — para Maria Alice Vergueiro e Luciano Chirolli

Borges, Jorge Luis. "O imortal". In: *O Aleph*. São Paulo: Globo, 1997.

Furtado, Fabio. "Células de repertório (ou cenas) do espetáculo *Why the horse?*". Roteiro dramatúrgico (material inédito gentilmente cedido pelo autor), 2015.

Gagnebin, Jeanne Marie. *Lembrar escrever esquecer*. São Paulo: Ed. 34, 2006.

Godard, Jean-Luc. *Le mépris* [*O desprezo*]. França; Itália: Universal Pictures, 1963.

Rimbaud, Arthur. *Poésies*. Paris: Gallimard, 1984.

Schwarz, Roberto. "Altos e baixos da atualidade de Brecht". In: *Sequências brasileiras*. São Paulo: Companhia das Letras, 1999.

Vergueiro, Maria Alice. Texto escrito para o programa do espetáculo *Why the horse?*

Verissimo, Luis Fernando. Crônica publicada no jornal *O Globo* em 29 jun. 2008.

CRÍTICA COMO AUTOBIOGRAFIA

A segunda vida — *An Old Monk*

Bandeira, Manuel. "Pneumotórax". In: *Estrela da vida inteira*. Rio de Janeiro: Nova Fronteira, 1993.

Camus, Albert. *Le mythe de Sisyphe*. Paris: Gallimard, 1996.

_____. *O estrangeiro*. Tradução de Valerie Rumjanek. Rio de Janeiro: Record, 1999.

Kundera, Milan. *A vida está em outro lugar*. Tradução de Denise Rangé Barreto. Rio de Janeiro: Nova Fronteira, 1991.

Mostra-me como gozas e te direi quem és!: A pedagogia sexual de Georges Bataille e Janaina Leite — *História do olho: Um conto de fadas pornô-noir*

Bataille, Georges. *História do olho*. Tradução de Eliane Robert Moraes. São Paulo: Cosac & Naify, 2003.

Carvalho, Renata. *Manifesto transpofágico*. São Paulo: Monstra, 2022.

Cortázar, Julio. "Ciclismo em Grignan". Tradução de Florencia Ferrari. In: Bataille, Georges. *História do olho*. São Paulo: Cosac & Naify, 2003.

Despentes, Virginie. *Teoria King Kong*. Tradução de Márcia Bechara. São Paulo: N-1, 2016.

Freud, Sigmund. "Análise fragmentária de uma histeria (O caso Dora)". Tradução de Paulo César de Sousa. *Obras completas*, v. 6. São Paulo: Companhia das Letras, 2016.

Leite, Janaina. *Autoescrituras performativas: Do diário à cena*. São Paulo: Perspectiva, 2015.

Moraes, Eliane Robert. "Um olho sem rosto". In: Bataille, Georges. *História do olho*. São Paulo: Cosac & Naify, 2003.

CRÍTICA COMO AULA DE FILOSOFIA
A pulsão rapsódica de Octavio Camargo — Projeto *Ilíadahomero*

Adorno, Theodor. "O ensaio como forma". In: *Notas de literatura I*. Tradução de Jorge de Almeida. São Paulo: Duas Cidades; Ed. 34, 2003.

Auerbach, Erich. "A cicatriz de Ulisses". In: *Mímesis: A representação da realidade na literatura ocidental*. São Paulo: Perspectiva, 2001.

Badiou, Alain. *Éloge de l'amour*. Paris: Flammarion, 2009.

Barthes, Roland. "O que é a crítica". In: *Crítica e verdade*. Tradução de Leyla Perrone-Moisés. São Paulo: Perspectiva, 2013.

Deleuze, Gilles. "Um manifesto de menos". In: *Sobre o teatro*. Tradução de Fátima Saadi, Ovídio de Abreu e Roberto Machado. Rio de Janeiro: Zahar, 2010.

Homero. *Ilíada*. Tradução de Manuel Odorico Mendes. Cotia, SP: Ateliê editorial; Campinas, SP: Editora da Unicamp, 2008.

Homero. *Odisseia*. Tradução de Manuel Odorico Mendes. São Paulo: Edusp; Ars Poetica, 1992.

Iser, Wolfgang. *O ato da leitura: uma teoria do efeito estético (vol. 1)*. Tradução de Johanes Kretschmer. São Paulo: Ed. 34, 1996.

Nancy, Jean-Luc. "Le partage des voix". In: *Ion*. Tradução de Jean-François Pradeau. Paris: Ellipses, 2001.

Nietzsche, Friedrich. "Zur Genealogie der Moral". In: *KSA*, v. 15. Munique: Deutscher Taschenbuch; Berlim/Nova York: De Gruyter, 1993.

Platão. *Íon*. Tradução de Claudio Oliveira. Belo Horizonte: Autêntica, 2013.

Sarrazac, Jean-Pierre (org.). *Léxico do drama moderno e contemporâneo*. Tradução de André Telles. São Paulo: Cosac & Naify, 2012.

Iluminando o problema da autonomia da obra de arte — *Breu*

Gagnebin, Jeanne Marie. "O rumor das distâncias atravessadas". In: *Lembrar escrever esquecer*. São Paulo: Ed. 34, 2006.

Kant, Immanuel. *Crítica da faculdade de julgar*. Tradução de Valério Rohden e António Marques. Rio de Janeiro: Forense Universitária, 1995.

Lynch, David. *Blue Velvet* [*Veludo azul*]. Estados Unidos: Metro-Goldwyn-Mayer, 1986.

Nietzsche, Friedrich. *Segunda consideração intempestiva: Da utilidade e desvantagem da história para a vida*. Tradução de Marco Antonio Casanova. Rio de Janeiro: Relume Dumará, 2014.

Ensaio de descolonização do pensamento — *Colônia*

Artaud, Antonin. *Van Gogh: O suicida da sociedade*. Tradução de Ferreira Gullar. Rio de Janeiro: José Olympio, 2003.

Drummond de Andrade, Carlos. "As palavras e a terra". In: *Lição de coisas*. Rio de Janeiro: José Olympio, 1965.

Freud, Sigmund. *O infamiliar*. Tradução de Ernani Chaves e Pedro Heliodoro Tavares. Belo Horizonte: Autêntica, 2019.

Lynch, David. *Blue Velvet* [*Veludo azul*]. Estados Unidos: Metro-Goldwyn Mayer, 1986.

Merleau-Ponty, Maurice. "A dúvida de Cézanne". In: *O olho e o espírito*. Tradução de Paulo Neves. São Paulo: Cosac & Naify, 2004.

Nietzsche, Friedrich. "Verdade e mentira no sentido extramoral", 1873. Tradução de Noéli Correia de Melo Sobrinho. *Comum*, Rio de Janeiro, v. 6, nº 17, pp. 5-23, jul.-dez. 2001.

CRÍTICA COMO PANFLETO

Um Rothko anti-rothkiano — *Vermelho*

Allen, Woody. *Hannah and her sisters* [*Hannah e suas irmãs*]. Estados Unidos: Orion Pictures, 1986.

Belting, Hans. *O fim da história da arte*. Tradução de Rodnei Nascimento. São Paulo: Cosac & Naify, 2012.

Danto, Arthur C. "O mundo da arte". Tradução de Rodrigo Duarte. *Artefilosofia*, nº 1, jul. 2006.

Greenberg, Clement. *Estética doméstica*. Tradução de André Carone. São Paulo: Cosac & Naify, 2002.

Foster, Hal. *O retorno do real*. Tradução de Celia Euvaldo. São Paulo: Cosac & Naify, 2014.

Por um novo teatro político — *Caranguejo Overdrive*

Deleuze, Gilles. "O ato de criação". Tradução de José Marcos Macedo. *Folha de S.Paulo*, 27 jun. 1999.

Sarrazac, Jean-Pierre. *Poética do drama moderno e contemporâneo: De Ibsen a Koltés*. Tradução de Newton Cunha, J. Guinsburg e Sonia Azevedo. São Paulo: Perspectiva, 2017.

Szondi, Péter. *Teoria do drama moderno* [1880-1950]. Tradução de Luiz Sérgio Repa. São Paulo: Cosac & Naify, 2001.

A tragédia do inconformismo e o inconformismo da tragédia: Aderbal conta Vianninha — *Vianninha conta o último combate do homem comum*

Aristóteles. *Poética*. Tradução de Paulo Pinheiro. São Paulo: Ars Poetica, 1992.

Bandeira, Manuel. "Poética". In: *Estrela da vida inteira*. Rio de Janeiro: Nova Fronteira, 1993.

Benjamin, Walter. *O conceito de crítica de arte no romantismo alemão*. Tradução de Marcio Seligmann-Silva. São Paulo: Iluminuras, 2002.

_____. "Tese IX sobre o conceito de história". In: *O anjo da história*. Tradução de João Barrento. Belo Horizonte: Autêntica, 2012.

_____. "O autor como produtor". In: *Obras escolhidas: magia e técnica, arte e política*. Tradução de Sergio Paulo Rouanet. São Paulo: Brasiliense, 1994.

Brecht, Bertolt. *Na selva das cidades*. Tradução de Aderbal Freire-Filho e Patrick Pessoa [não publicada].

Deleuze, Gilles. "Abecedário: B de beber". Disponível (por escrito) em: http://www.oestrangeiro.net/esquizoanalise/67-o-abecedario-de-gilles-deleuze.

Freire-Filho, Aderbal. "Metamorfose, mortemesafo". In: Brecht, Bertolt. *Estudos sobre teatro*. Rio de Janeiro: Nova Fronteira, 2005.

Gadamer, Hans-Georg. "O círculo da compreensão". In: *Verdade e método II*. Tradução de Ênio Paulo Giachini. Petrópolis: Vozes, 2006.

Mostaço, Edelcio. *Teatro e política: Arena, Oficina e Opinião*. São Paulo: Annablume, 2016.

Pareyson, Luigi. *Os problemas da estética*. Tradução de Maria Helena Nery Garcez. São Paulo: Martins Fontes, 1997.

Patriota, Rosangela. *A crítica de um teatro crítico*. São Paulo: Perspectiva, 2007.

Steiner, George. *La mort de la tragédie*. Tradução de Rose Celli. Paris: Gallimard (Folio Essais), 1993.

Szondi, Péter. *Ensaio sobre o trágico*. Tradução de Pedro Süssekind. Rio de Janeiro: Zahar, 2003.

CRÍTICA COMO CRÔNICA
O paradoxo da existência virtual (do teatro) — *Onde estão as mãos esta noite?*

Allen, Woody. *Annie Hall* [*Noivo neurótico, noiva nervosa*]. Estados Unidos: Metro-Goldwyn-Meyer, 1977.

Benjamin, Walter. "A tarefa do tradutor". In: *A tarefa do tradutor de Walter Benjamin: Quatro traduções para o português*. Belo Horizonte: UFMG, 2008.

Machado de Assis, Joaquim Maria. "O segredo do bonzo". In: *Obras completas*, vol. 2. Rio de Janeiro: Nova Aguilar, 1997.

Preciado, Paul B. *Manifesto contrassexual*. Tradução de Maria Paula Gurgel Ribeiro. São Paulo: N-1, 2017.

CRÍTICA COMO ACONTECIMENTO
O fim da crítica: Nova conversa entre um ator japonês e um crítico brasileiro

Buarque, Chico. "Bárbara". In: *Chico Canta*, Phonogram/Philips, 1973.

Carson, Anne. *Antigonick*. Nova York: New Directions, 2012.

Deleuze, Gilles; Parnet, Claire. "Uma conversa: O que é, para que serve?". In: *Diálogos*. São Paulo: Escuta, 1984.

Ferraz, Eucanaã. "El laberinto de la soledad". In: *Sentimental*. São Paulo: Companhia das Letras, 2012.

Gabino Rodríguez, Lázaro. *Cada vez que alguém diz "Isto não é teatro" uma estrela se apaga no céu*. Link verificado em 07/12/2024: https://www.youtube.com/watch?v=X1feEhCxGO0&list=PPSV.

Pessoa, Patrick. *Dramaturgias da crítica*. Rio de Janeiro: Cobogó, 2021.

Platão. *Íon*. Tradução de Claudio Oliveira. Belo Horizonte: Autêntica, 2011.

CIP-BRASIL. CATALOGAÇÃO-NA-FONTE
SINDICATO NACIONAL DOS EDITORES DE LIVROS, RJ

P568m

Pessoa, Patrick

Metamorfoses da crítica / Patrick Pessoa.- 1. ed.- Rio de Janeiro : Cobogó, 2025.

320 p. ; 19 cm. (Dramaturgia)

ISBN 978-65-5691-161-8

1. Teatro (Literatura)- História e crítica. I. Título. II. Série.

25-95870   CDD: 809.2
                CDU: 82-2(81).09

Gabriela Faray Ferreira Lopes- Bibliotecária- CRB-7/6643

© Editora de Livros Cobogó, 2025

Editora-chefe
Isabel Diegues

Edição
Aïcha Barat

Gerente de produção
Melina Bial

Revisão final
Carolina Falcão

Projeto gráfico e diagramação
Mari Taboada

Capa
Fabio Arruda e Rodrigo Bleque — Cubículo

Nenhuma parte deste livro pode ser reproduzida ou transmitida de qualquer forma ou por qualquer meio, eletrônico ou mecânico, incluindo fotocópia, gravação ou por qualquer sistema de armazenamento e recuperação de informações, sem permissão por escrito do editor.

A opinião dos autores deste livro não reflete necessariamente a opinião da editora Cobogó.

Todos os direitos em língua portuguesa reservados à
Editora de Livros Cobogó Ltda.
Rua Gen. Dionísio, 53, Humaitá
Rio de Janeiro, RJ, Brasil — 22271-050
www.cobogo.com.br